Inhaltsverzeichnis

Instrumentenbauprojekte

1

* Diese Arbeitsblätter eignen sich auch noch für das 5. und evtl. 6. Schuljahr.

Musizierprojekte

* Diese Arbeitsblätter eignen sich auch noch für das 5. und evtl. 6. Schuljahr.

„Die Jungen kommen im Durchschnitt dem Musikunterricht nicht so entgegen wie die Mädchen, sie sind weniger fleißig und von dem Ideale rhythmischer und harmonischer Bändigung ungemein weit entfernt; das hängt mit ihren besten Jungeneigenschaften zusammen, die sie hoffentlich nie verlieren werden."[1]

„Für uns ist das ein Ohrenschmaus,
weil die Musik der Ton macht,
doch wer uns hört, der nimmt Reißaus,
wer dableibt, fällt in Ohnmacht."[2]

Beide Texte sind eine treffende Formulierung eines Stoßseufzers vieler Kolleginnen und Kollegen, die aus Neigung und/oder aufgrund ihrer Fachausbildung in der Grundschule Musik unterrichten. Mir ging es gelegentlich auch so. Häufig waren aber gerade die Jungen und Mädchen besonders bei der Sache, die sich sonst eher passiv, teilweise auch störend, am Musikunterricht beteiligten. Dafür gibt es Gründe, die in den Texten, die sich mit diesem Thema beschäftigen[3], nachzulesen sind und sich in Gesprächen unter Kolleginnen und Kollegen bestätigen.

Der aktuelle Forschungsstand der gendersensiblen Musikpädagogik zeigt Gründe und Vorschläge auf[4]:

- Jungen lernen häufiger informell und selbstbestimmt.
- Fast ausschließlich Jungen gründen selbstständig eine Band.
- Jungen komponieren und improvisieren häufiger.
- Jungen finden Singen und Tanzen oft peinlich.
- Jungen stören häufiger im Musikunterricht, wollen Aufmerksamkeit auf sich ziehen.

Auswege sind:

- eine Vielfalt an Lernwegen, Musikstilen und Umgangsweisen mit Musik ermöglichen
- Förderung der Selbstständigkeit und der Selbstbestimmung

- Musizierprojekte zu Themen, mit denen Jungen sich leicht identifizieren können (z. B. Ritter, Cowboys, Piraten)
- praktischer Umgang mit Material und Werkzeug
- experimentieren und improvisieren[5]

In den letzten Jahren konnte ich viele Unterrichtsideen verwirklichen, die diese Anregungen berücksichtigen, und hier habe ich sie zusammengestellt.

Dieses Buch ist ein **Praxis**buch, dessen Vorschläge viele Forderungen der gültigen Bildungspläne unter ihren verschiedenen Fachbezeichnungen erfüllen. Es gliedert sich in zwei Teile: Instrumentenwerkstätten und Musizierprojekte.

In den **Instrumentenwerkstätten** werden zu den verschiedenen Gruppen sehr einfache Experimente und leicht umzusetzende Bauvorschläge gemacht. Fast alle Materialien sind Alltagsgegenstände oder gehören zum Standardsortiment der Baumärkte. Für die Umsetzung ist kein handwerkliches Geschick erforderlich, allerdings Geduld mit dem Arbeitstempo der Schüler. Sie brauchen ausreichend Zeit, um wirklich selbst das Ergebnis zu erreichen.

In den **Musizierprojekten** können diese Instrumente gestalterisch eingesetzt werden. Sie sind aber auch mit dem Basisinstrumentarium, das an den meisten Grundschulen zu finden ist, umzusetzen. Verschiedene Formen der Notation werden dabei angewendet. Von der traditionellen Notenschrift wird besonders die Rhythmusnotation (ganze Note bis Achtelnote) praktisch eingeführt und geübt. Die Grundlagen der Tonhöhennotation und das Spielen nach diesen Noten erfolgt mit den Tönen g^1 bis h^1. Einige Musizierprojekte enthalten Tanzvorschläge. Um auch Jungen (schwierig erst ab Klasse 3) dabei einzubinden, werden die Gruppentänze nur von ihnen getanzt. Es gibt keine speziellen Tanzschritte, sondern kleine Gehschritte. Wer nicht tanzen möchte, beteiligt sich nur als Musiker oder Sänger.

---

[1] Münnich, Richard: Jale: Ein Beitrag zur Tonsilbenfrage und zur Schulmusikpropädeutik. Schauenburg: Lahr 1930, S. 10.
[2] Ende, Michael: Das Schnurpsenbuch. Thienemann: Stuttgart 1979, S. 93.
[3] Z. B. Lehmann-Wermser, Andreas: Vom Verschwinden der Jungen aus der Musikdidaktik. Zeitschrift für Kritische Musikpädagogik, Ausgabe Mai 2002, verfügbar unter: http://home.arcor.de/zfkm/lehmannw1.pdf; Meier, Markus: Kreative Atempause für Jungs. Neue Musikzeitung, Heft 4/2010, verfügbar unter: http://www.nmz.de/artikel/kreative-atempause-fuer-die-jungs; Ziepert, Albrecht: Etwas anstrengend und oft langweilig. Afs-Magazin, Heft 24/2007, verfügbar unter: http://www.afs-musik.de/magazin/2007/11/06-etwas_anstrengend_und_oft_langweilig.pdf.
[4] Präsentation der Hochschule Luzern zum Thema: Gendersensible Musikpädagogik. Verfügbar unter: http://www.ppt2txt.com/dm/www.hslu.ch
[5] Die letzten drei Auswege stammen von mir, Michael Bromm.

Viele Arbeitsblätter sehen vor, dass die Aufgaben in Kleingruppen gelöst werden (meist sind es fünf Gruppen in einer Klasse). Das ist oft im Musikraum nicht ohne Weiteres möglich. Hier sind ein paar Tipps dazu: Halten Sie die Ecken und Mitte des Raumes frei, sodass dort Planungsaufgaben im Sitzkreis auf dem Boden durchgeführt werden können. Für Übungsaufgaben mit Instrumenten ist das schwieriger. In den Schulen, an denen ich gearbeitet habe, fand ich dafür unterschiedliche Lösungen, indem ich z. B. den Musikraum, den Vorbereitungs- bzw. Lagerraum, den Klassenraum sowie den Gang vor dem Musikraum (zwei Plätze mit Abstand, evtl. Zwischentür) zusätzlich nutzte. Viele Gruppenübungen lassen sich auch draußen oder unter überdachten Gängen durchführen. Sehr hilfreich ist es, mit einem Arbeitsblatt die Gruppenarbeit (z. B. *AB 12.5: Meine Arbeitsgruppe*) zu strukturieren. Das kann dann auch als Nachweis für die Beurteilung herangezogen werden.

Im Grundschulunterricht und darüber hinaus haben sich inzwischen **Rituale** zur Strukturierung durchgesetzt. Einige eignen sich besonders für den Musikunterricht:

- **Klatschrituale:** einfache und auch komplexere Rhythmen nachklatschen; dabei am Schluss die Hände in eine Ruheposition bringen (auf dem Kopf, überkreuz auf den Schultern usw.). Das geht auch gut mit Schlägeln. Im Anschluss sollten Sie sofort mit der Arbeit beginnen und auf Ermahnungen o. Ä. möglichst verzichten.
- **Geräuschkontrolle:** Das Zeichen sind zwei Finger hinter dem Ohr (wie beim Lauschen). Die Lautstärke ist dann zum Weiterarbeiten richtig, wenn etwas von außerhalb des Unterrichtsraumes zu hören ist.

Ich hoffe, Sie freuen sich darauf, mit Ihren wilden Jungs und starken Mädchen Musik zu machen.

Michael Bromm

Teil I: Hinweise für Lehrkräfte

L 1   Stabspiele bauen und ausprobieren

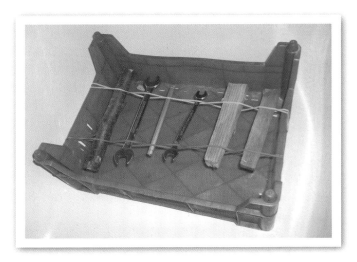

Das Bauen von Stabspielen ist eine Aufgabe, die allen Kindern leichtfällt. Oft ist die größte Schwierigkeit, dass tatsächlich alle Schüler das Material mitbringen. Hier hilft es, eine Sammelecke einzurichten, in der die „Klangstäbe" und Kisten gesammelt werden, bis für alle genug da ist.

Die Gummiringe sollte die Lehrkraft besorgen. Alle anderen Materialien sind „kreativer Müll", der kostenlos besorgt werden kann.

Als Gummiringe eignen sich besonders Weckgummis, vor allem, weil sie leicht zu beschaffen sind. Im Bürobedarf gibt es Aktengummis, diese müssen möglichst groß sein.

Das Zusammensetzen des Stabspiels lässt sich gut pantomimisch erklären.

Legen Sie alle Teile bereit. Stellen Sie sicher, dass alle Kinder gut sehen können.

Zur Demonstration:
1. alle Teile zeigen
2. die vier Gummiringe langsam aufziehen und jede Position zeigen
3. den ersten Klangstab einflechten und dann die Kiste herumgeben
4. den zweiten Klangstab einflechten und allen das Ergebnis zeigen
5. mit dem Löffel (Eierklopfhaltung) die Klangstäbe anschlagen

AB 1.1: Baue dir ein Stabspiel
Mit diesem Arbeitsblatt können die Kinder selbstständig ein Stabspiel bauen. Lassen Sie das Modell als Muster stehen. Wer fertig ist, darf sein Stabspiel ausprobieren. Am Schluss sollten alle ihr neues Instrument vorspielen.

AB 1.2: Probiere dein Stabspiel aus
Hier können die Kinder ihre Instrumente erkunden. Das bedarf keiner weiteren Erklärung.

AB 1.3: Die Maschinenhalle
AB 1.4: Im Holzland – Eine Klanggeschichte erzählen (Aufgaben)
AB 1.5: Im Holzland (Text)
Diese Arbeitsblätter bieten Gestaltungsanregungen für die neuen Instrumente.

L 2   Drums to go – Das Minischlagzeug

Mit dem Minischlagzeug „Drums to go" erhalten die Schüler ein kleines, eigenes Schlagzeug, mit dem sie frei musizieren können, Lieder begleiten und die Rhythmusnotation lernen.

Das eigene Instrument ist wichtig, um die neu gelernten Fertigkeiten zu üben. Das ist ein wichtiges, grundsätzliches Lernziel des Musikunterrichts. Da das Minischlagzeug immer dabei sein kann, ist es auch möglich, außerhalb des Musik-

unterrichts im Klassenverband, der Freiarbeit oder zur Überbrückung von Leerphasen zu musizieren.

Die Rhythmusnotation beschränkt sich in diesem Buch auf ganze, halbe, Viertel- und Achtelnoten. Differenziertere Notenwerte bleiben einem möglichen (privaten) Instrumentalunterricht überlassen.

Die Übungseinheiten sind nicht als Unterrichtsstunde gedacht, sondern als ein Baustein zusammen mit anderen Inhalten. Besonders nachhaltig ist es, täglich eine kurze Zeit zu trommeln.

Da diese Übungen für die jüngeren Grundschüler vorgesehen sind, sprechen überwiegend die Zeichnungen für sich. Nur gelegentlich müssen einzelne Wörter gelesen werden.

Vorbereitende Übungen
Die in Schritt 3 vorgeschlagenen Übungen können sinnvoll als Vorbereitung zum Trommelkurs eingesetzt werden.

AB 2.1: Schritt 1 – Drums to go
Die kleinen Zeichnungen werden mit den Schülern besprochen und es wird verabredet, dieses Material mitzubringen.
- *Kaugummidose:* Diese Dosen sind inzwischen überall erhältlich. Auch andere Döschen aus stabilem Kunststoff, wie z. B. die früher verbreiteten Filmdosen, sind brauchbar. Die Dose wird beim Trommeln in der Hand gehalten und muss daher entsprechend klein sein.
- *Perlen:* Ich schlage zur Füllung Steckperlen vor, weil diese leicht erhältlich sind und gut klingen. Andere Füllungen wären feiner Kies, Reißzwecken oder Reis. Professionell ist eine Füllung aus Schrotkörnern (Jagdbedarf), wie sie auch für Latin-Percussion-Instrumente verwendet wird. Etwa ein gehäufter Teelöffel dieser Materialien (evtl. etwas mehr) genügt.
- *Fahrradklingel:* Für lange Töne eignet sich besonders eine einfache Fahrradklingel. Sie kann vorübergehend vom eigenen oder einem alten Rad abgebaut werden. Sie lässt sich aber auch für wenig Geld erwerben, z. B. im Sonderpostenmarkt für weniger als einen Euro. Die Glocke ist erst für Schritt 8 erforderlich.
- *Blechteelöffel:* Der Schlägel ist ein Teelöffel aus Metall. In „Eierklopfhaltung" lässt sich das Minischlagzeug sehr gut spielen.

AB 2.2: Schritt 2 – Trommelgeschichten
Zum Ausprobieren des Minischlagzeugs gibt es die Bildvorlage „Gesenkschmiede von 1905". Sie regt die Schüler dazu an, verschiedene Klanggeschichten zu erfinden.

AB 2.3: Schritt 3 – Schritt für Schritt
Grundlage des Rhythmuslehrganges ist das gleichmäßige Gehen im Vierertakt. Das kann mit verschiedenen Spielformen geübt werden. Möglichst auch in großen Räumen, z. B. im Sportunterricht oder bei Bewegungsphasen im Klassenraum oder auf dem Hof.

Übungsvorschläge, die auch mit den Teilen des Minischlagzeugs gespielt werden können:
- gehen im Kreis mit Abzählen von eins bis vier
- klatschen einzelner Zählzeiten
- klatschen von zwei Zählzeiten (1 + 3, 2 + 4, 1 + 4 u. a.)
- alles in verschiedenen Tempi gehen, joggen oder rennen
- aus dem Gehen im Kreis zum Gehen auf der Stelle wechseln
- die Übungen ohne lautes Zählen durchführen
- ohne lautes Zählen und mit geschlossenen Augen die Eins klatschen (Das ist sehr schwierig und soll den Schülern verdeutlichen, wie wichtig das Üben für das gemeinsame Musizieren ist!)
- beim Gehen auf der Stelle in Gruppen von unterschiedlichen Metren (2 bis 7) jeweils die Eins klatschen

Aus den Übungen lässt sich die Viertelnote als Schrittsymbol leicht ableiten und auf der Kaugummidose trommeln. Auf dem Arbeitsblatt werden die fehlenden Zählzeiten und Noten ergänzt. Diese Übung bereitet die Verwendung von Notenzeichen für eigene Kompositionen vor.

AB 2.4: Schritt 4 – Hohe und tiefe Schrittnoten
Die Festigung des gleichmäßigen Vierertaktes mit unterschiedlichen Tonhöhen gelingt den Schülern nach den vorangegangenen Übungen selbstständig, ebenso die vorgeschlagenen Ergänzungen.

AB 2.5: Schritt 5 – Musik mit Pausen
Hier werden die Viertelpause und das entsprechende Notenzeichen eingeführt.

Zur Differenzierung ist es möglich, die Rhythmen auch auf der Glocke zu spielen.

AB 2.6: Schritt 6 – Rasselmusik
AB 2.7: Schritt 7 – Trommelmusik
Die grafische Darstellung der Achtelnoten wird von den Schülern schnell verstanden. Sie sollte durch Gehen und Rasseln unterstützt werden. Der Achtelklang *„ras – sel"* wird zukünftig als Merkwort für dieses rhythmische Element benutzt.

Das gleichzeitige Üben von Vierteln und Achteln erfolgt in Zweier- oder Kleingruppen. Die Schüler können es auch allein versuchen. Dazu ist es besser, mit dem Löffel auf den Tisch zu klopfen, da die Kaugummidose nicht sehr fest steht.

Der Trommelkurs mit den „Drums to go" kann an dieser Stelle enden oder unterbrochen werden.

AB 2.8: Schritt 8 – Töne wie Seifenblasen
Mit diesem Schritt werden die ganzen und halben Noten eingeführt. Mithilfe des Arbeitsblattes erschließt sich die Logik der Notation sehr schnell. Man kann sich die Töne auch als Ballon vorstellen, der mit einer Schnur daran entsprechend kürzer fliegt.

AB 2.9: Schritt 9 – Ein Hund kam in die Küche
AB 2.10: Schritt 10 – Marsch der Roboter
Hier sind keine weiteren Erläuterungen nötig.

L 3   Trommelkurs

Besonders Jungen interessieren sich für das Schlagzeug im Sinne des Drusets, also der Kombination eines Rock- oder Jazzschlagzeugs. Die Gründe dafür liegen auf der Hand. Leider gehört dazu auch die Vorstellung, dass Schlagzeug spielen einfacher ist als ein Melodieinstrument. Oft ist dann die Enttäuschung groß, wenn nach dem ersten tollen Solo deutlich wird, dass ein guter Drummer für eine richtige Schlagzeugbegleitung viel lernen und üben muss.

AB 3.1: Herzlich willkommen beim Trommelkurs!
Aus den Kopiervorlagen kann ein kleines Heft hergestellt werden. Das verdeutlicht auch, dass es um einen längeren Lehrgang mit einem konkreten Lernziel geht. Sie können einfach die Bögen in der Mitte durchschneiden und im DIN-A5-Format zusammentackern.

AB 3.2: Das Schlagzeug
AB 3.3: Die wichtigsten Teile
Die Lektionen des Trommelkurses beschränken sich auf die Basisinstrumente des Drumsets: Bassdrum, Snaredrum und Hi-Hat. Diese Kombination sollte in der Schule vorhanden sein, zumindest leihweise für die Zeit des Trommelkurses, z. B. von der benachbarten weiterführenden Schule oder einem Elternteil.

Die Schüler sollten für den Kurs selbst jeweils ein Paar Sticks besitzen. Diese sind nicht teuer (ca. 2,00 bis 2,20 Euro über Onlinemusikshops, Stand: Juli 2013). Welcher Typ benutzt wird, ist eigentlich egal. Wenn die Stöcke gekauft oder bestellt werden, empfiehlt sich die Größe „7A" oder „5B/A".

AB 3.4: Jetzt geht es los!
Die Stockhaltung ist einfach. Den Hinweis eines Vibrafonisten, den Stock „wie einen Hammer zu halten, mit dem man eine Fliege erschlägt", fand ich auch für meine Schüler immer sehr aufschlussreich. Manchmal sieht man die untergriffige Haltung eines Stocks der Militärtrommler. Die ist veraltet und wird noch in Spielmannszügen für die Marschtrommel bzw. die Sidedrum benutzt.

Gute Alternativen zu echten Trommelstöcken sind z. B. abgeschnittene Rundhölzer. Diese sollten mit Schleifpapier geglättet und abgerundet werden. Essstäbchen eigen sich auch, sie passen sogar ins Mäppchen. Ich schlage vor, damit den Trommelkurs einfach auf der Tischkante zu machen – täglich etwa zehn Minuten. Wenn man mit Ästen trommelt, sollten diese gleichmäßig lang, dick und durchgetrocknet sein. Damit kann man besonders gut auf Kanistern oder Baumstämmen im Freien trommeln (mehr dazu in *L 4: Schrotttrommeln*).

AB 3.5: Lektion 1: Schritt für Schritt
AB 3.6: Lektion 2: Betonungen 1, 2, 3 und 4
AB 3.7: Lektion 3: Betonungen 4 und 1, 3
und 2

Vorübungen
alles im Gehen ausprobieren, möglichst draußen oder in einer Halle

Übungsreihe:
- gleichmäßig im Kreis gehen
- laut bis vier zählen
- dabei die Eins (später auch die Zwei, Drei, Vier) betonen

Varianten:
- andere Tempi (gehen, joggen, rennen) ausprobieren
- am Platz gehen und weiterklatschen

- nur noch leise bis unhörbar zählen
- beim Klatschen die Augen schließen
- Gruppen bilden, die unterschiedliche Betonungen klatschen

Die verwendeten Grafiken in Verbindung mit Notenzeichen sind erfahrungsgemäß selbsterklärend. Es ist für diesen Kurs nicht erforderlich, die Notenwerte zu benennen und theoretisch erklären zu können. Die Zeichen sind nur als optische Hilfe gedacht.

Wegen der besseren Übersichtlichkeit entsprechen die Notenpositionen nicht der Standardnotation für das Schlagzeug. Ich setze dabei sehr auf das bewährte Prinzip „learning by doing (and listening)" – oder: Opa bringt dem Enkel Trommeln bei.

Tipps für das gemeinsame Üben mit der Klasse

- Auf Toms (Standtrommeln), Snaredrums oder flachgelegten Bassdrums, evtl. auch Congas, können bis zu fünf Kinder gleichzeitig trommeln. Stellen Sie die Trommeln im Raum verteilt auf. Teilen Sie die Schüler in Fünfergruppen (oder kleinere) ein und lassen Sie die Gruppen so die Lektionen üben. Eine gute Möglichkeit ist es, wenn die Kinder taktweise im Kreis die Übungen spielen. Die Gruppen können sich gegenseitig die Übungen vorspielen. Hörauftrag: „Welcher Gruppe gelingt die Übung am gleichmäßigsten?"
- Weisen Sie Fünfergruppen (oder kleineren Gruppen) Übungsplätze im Arbeitsraum und seiner Umgebung zu, z. B.: auf dem Klavierhocker, auf der Fensterbank vorm Klassenraum, auf dem Holzbalken der Tür, auf dem Treppengeländer oben, auf der Mülltonne usw. Sie haben dann die Gelegenheit, zu den Einzelgruppen zu gehen und die Schüler zu beraten.

AB 3.8: Lektion 4: „Mama Papa"
Vorübung wie zuvor, dazu in Achteln abwechselnd rechts und links auf die Seiten oder die Pobacken klatschen

AB 3.9: Lektion 5: Linke Hand, rechte Hand
Übungskreis zu dieser Lektion:
im Kreis gehen, abzählen bis vier, klatschen der Achtelbewegung, Takt 1 am Platz spielen

am Platz gehen, abzählen bis vier, die Achtel mit der rechten Hand auf die linke Bauchseite klopfen, die Viertel auf Zählzeit 2 und 4 mit der linken Hand auf die rechte Schulter schlagen, Takt 1 bis 3 am Platz spielen

Achtung!

Es ist wichtig, langsam zu üben – besonders die Verbindung von Takt 1 und 2. Erst wenn das gut klappt, sollte Takt 3 angefügt werden.

Es bietet sich an, Schülern, die am Platz die Lektion beherrschen, das Drumset bereitzustellen.

AB 3.10: Lektion 6: Spielen auf dem Drumset
Der Umstieg auf das Drumset klappt gut, wenn zuerst die Lektion 5 wiederholt wird. Dann muss der letzte Takt einfach fortgeführt werden.

AB 3.11: Lektion 7: Wie geht es weiter?
Diese Lektion ist der Abschluss des Trommelkurses. Nach einigem Üben sollte jeder Gelegenheit bekommen, die Klasse beim Singen mit dem Schlagzeug zu begleiten. Das geht mit verschiedenen Popsongs, aber auch verbreiteten Volksliedern, z. B. „Die Affen rasen durch den Wald" (Herkunft unbekannt), „Hab 'ne Tante aus Marokko" (Herkunft unbekannt).

L 4   Schrotttrommeln

Das Trommeln auf „Schrott" ist eine Möglichkeit zum Musizieren die besonders diejenigen Kinder fasziniert, die sonst am Klassenmusizieren keinen Spaß haben. Das liegt zum Teil daran, dass sie mit dem traditionellen Instrumentarium keine Erfolgserlebnisse hatten oder dieses als nicht zu ihrer Persönlichkeit passend manchmal bewusst oder oft unbewusst ablehnen.

Dazu kommt, dass Schüler, die sonst nicht mit Instrumenten umgehen, bei der Zusammenstellung des Schrottorchesters Kompetenzen einbringen können, die sonst im Musikunterricht nicht gefragt sind.

AB 4.1: Auf der Suche nach Schrott-   instrumenten
Das Arbeitsblatt zeigt zwei Bilder einer Schrott-trommel-AG. Ein zusätzlich sehr motivierender Einstieg ist dazu der Film „Zezé – Der Junge, die Topfdeckel und die Favela" von Cao Hamburger.

Der Film ist auf der DVD „Kinderwelt – Weltkinder", die Sie bei den evangelischen Medienstellen ausleihen können.[6] Er dauert nur fünf Minuten und ist ein idealer Einstieg. Hier eröffnen sich Möglichkeiten für einen fachübergreifenden Unterricht mit Religion, Werte und Normen oder Sachunterricht. Als Alternativen bieten sich Ausschnitte aus YouTube-Videos, z. B. „IIFC Trash Can Drum Line", „Amazing Street Drummer" oder der DVD-Trailer zu „10 Jahre Lüneburger Schrotttrommler" an. Dazu gehören natürlich auch Aufnahmen der Gruppe „Stomp".

Aus der Besprechung des Films und/oder der Bilder ergibt sich die Aufgabe für die Kinder, eigene Schrottinstrumente mitzubringen. Die Zeichnungen auf *AB 4.2: Unsere Schrottinstrumente* könnten schon gezeigt werden, um mehr Ideen zu haben.

Auch eine Zusammenarbeit mit dem Schulhausmeister kann ertragreich sein. Allein die Papier-

---

6   Weitere Informationen zum Film unter: http://www.filmeeinewelt.ch/dvd/kinder/.

körbe aus Klassen und Schulhof können ein Grundinstrumentarium bilden, dazu diverse Gefäße, z. B. von Reinigungsmitteln, Teile alter Schränke (z. B. Schubladen), Kehrbleche des Reinigungspersonals, die Blätter von Schaufeln und Spaten mit Stiel, eine alte Gießkanne oder Schubkarre sind streng genommen kein Schrott, aber ein ausreichend großer Fundus an Instrumenten.

Spannender sind ein Gang durch das Viertel, wenn überall Sperrmüll zur Abholung bereitsteht, sowie die Überraschungen, die die Kinder im häuslichen Umfeld finden – frei nach dem Motto: „Das kann noch nicht weg! Wir machen daraus Kunst!" Die Sperrmüllaktion muss allerdings vorbereitet werden. Die Eltern sollten Bescheid wissen. Die Kinder könnten z. B. Arbeitshandschuhe mitbringen.

Als Schlägel eignen sich gerade Stöcke oder Besenstielabschnitte. Für besondere Effekte können Fliegenklatschen, Badelatschen oder Besteck sorgen. Als Stäbe zum Reiben eignen sich sehr gut asiatische Essstäbchen, auf Gemüsereiben aus Metall Blechgabeln.

Dem Erfindungsreichtum der Schüler und Lehrkräfte sind keine Grenzen gesetzt. Wie wäre es mit einem Fahrrad als Musikinstrument?

AB 4.2: Unsere Schrottinstrumente

Nach der Instrumentensammlung werden die Instrumente in der Klasse vorgestellt und ausprobiert. Dazu könnten die Kinder ihre Funde in einer Ausstellung präsentieren. Ein Entwurf für ein Schild kann auf *AB 4.1: Auf der Suche nach Schrottinstrumenten* kopiert werden. Nach dem Ausstellungsrundgang werden die Instrumente vorgespielt. Anschließend kann mit dem vorgeschlagenen Spiel weiter experimentiert werden.

Weitere Übungsmöglichkeiten sind die Vorschläge vom *AB 1.3: Die Maschinenhalle* aus dem Projekt *Stabspiele bauen und ausprobieren (L 1)* oder das Bild der Gesenkschmiede des *AB 2.2: Schritt 2 – Trommelgeschichten* aus dem Projekt *Drums to go (L 2)*.

Auch die oben angegebenen Videos können zu Improvisationen der Schüler anregen. Diese können in Kleingruppen erarbeitet und vorgespielt werden.

AB 4.3: Unser Schrottorchester

Dieses Arbeitsblatt kann anschließend in Einzelarbeit als Text- oder Zeichenaufgabe bearbeitet werden. Damit entsteht eine Systematik der gesammelten Instrumente als Grundlage für die Erarbeitung einer Schrotttrommelmusik. In der folgenden Tabelle finden Sie einige Beispiele.

Gefäße aus Plastik zum Trommeln		
tief	*mittel*	*hoch*
Regentonne Heringsfass	Eimer Gießkanne	Blumentopf Kehrschaufel
Gefäße aus Metall zum Trommeln		
tief	*mittel*	*hoch*
Ölfass Suppentopf	Kochtopf Kanne	Konservendose Kehrblech
Metallklinger		
Topfdeckel, Heizungsrohrabschnitt, Zeltstangenteil, Eisenstab, Harke, Spaten		
Instrumente zum Schütteln		
verschieden große Gefäße mit Füllung aus Kies, Reis, Tischtennisbällen, Steckperlen, Schrotkugeln		
Instrumente zum Reiben oder Ratschen		
gezackte Kehrschaufel & Essstäbchen, Waschbrett & Fingerhüte oder Löffel, Gemüsereibe & Gabel oder Löffel, Harke & Löffel oder Schraubendreher		
Instrumente zum Blasen		
Trillerpfeife, Flasche überblasen, Vuvuzela		
weitere Instrumente		
Kunststoffrohre verschiedener Länge an Stuhllehne o. Ä. vertikal befestigt		

AB 4.4: Batucada de Lixo (1)

AB 4.5: Batucada de Lixo (2)

Für die „Batucada" *(AB 4.5: Batucada de Lixo (2))* werden die Instrumente des Schrottorchesters in etwa fünf Gruppen eingeteilt, die Anzahl kann entsprechend der Sammlung geändert werden. Die Rhythmuspatterns werden anhand des Arbeitsblattes *AB 4.4: Batucada de Lixo (1)* geübt und ggf. ergänzt.

Als gemeinsame Spielpartitur werden die Patterns auf DIN-A3-Bögen kopiert und aufgehängt. Es sind dann verschiedene Gestaltungen möglich. Zum Beispiel: Die Spieler setzen einzeln nacheinander ein, beginnend mit der Gruppe „tiefe Gefäße". Jeder Spieler beginnt sofort mit Rhythmus *tong*. Entsprechend folgen die anderen Gruppen:

- mittlere Gefäße: *tack*
- Schüttelinstrumente: *ticke*

Hinweis

„Batucada de Lixo" (= lixo, gesprochen: *liescho*) heißt auf Portugiesisch „Trommelmusik mit Müll".

- Reibeinstrumente: *tackticke*
- hohe Gefäße: *mmtack*

Ein Signal (Handzeichen oder Trillerpfeife in Vierteln) unterbricht das Tutti und es können verschiedene Gestaltungsideen umgesetzt werden, z. B.:
1. Nur eine Gruppe spielt ihr Pattern weiter.
2. Alle spielen nur ein Pattern gleichzeitig.
3. Ein Spieler improvisiert einen Rhythmus.
4. Die ganze Gruppe spielt einen Wirbel im Crescendo.

Haben Sie oder Ihre Schüler weitere Ideen?

Tipp

Die Instrumente des Schrottorchesters lassen sich gut für *Der Marsch der wilden Kerle (L 11)* benutzen.

L 5   Musik mit dem Stuhl

Durch Experimente mit einem Gummiband und einem Stuhl können auch jüngere Schüler Erkenntnisse über die Funktion von Saiteninstrumenten gewinnen.

Die beiden Arbeitsblätter im DIN-A5-Format sind mit sehr wenigen einfachen Worten und Skizzen gestaltet, so lassen sie sich schon ab der Mitte des ersten Schuljahres einsetzen. Die Experimente können auch ohne die Arbeitsblätter mithilfe von Demonstrationen, Erklärungen und Unterrichtsgesprächen durchgeführt werden.

AB 5.1: Musik mit dem Stuhl (1)

Der erste Schritt ist eine Lehrerdemonstration, bei der das Gummiband über die Stuhllehne gespannt wird. Dabei muss das Band kräftig gezogen werden. Geeignete Gummibänder haben einen Durchmesser von mindestens 40 mm (besser: 60 mm) und eine Schnittbreite (Dicke) von mindestens einem Millimeter. Wichtig ist, dass sie nicht zu alt oder von geringer Qualität sind. Gum-

mibänder sind ein gängiger Büroartikel, daher können Sie vielleicht welche im Schulsekretariat erhalten oder darum bitten, bei der nächsten Bestellung welche für Sie zu besorgen.

Zu lange Gummibänder sind leicht schlaff und sehr leise. Der Klang ist ohnehin nicht sehr laut. Schlagen Sie den Schülern vor, mit dem Kopf direkt die Stuhllehne zu berühren. Dadurch überträgt sich der Schall viel besser auf das Ohr.

Die Schüler erkunden frei verschiedene Spieltechniken. Oft begnügen sie sich damit, zunächst durch verschiedene Zupftechniken unterschiedliche Klänge gleicher Tonhöhe zu erzeugen oder zupfen an Vorder- und Rückseite. Nach dem ersten Vorspielen der gefundenen Töne werden sie die Ergebnisse der anderen übernehmen. In einzelnen Fällen müssen Sie selbst auf die verschiedenen Klangmöglichkeiten hinweisen. Beim Erzählen über die Ergebnisse kann man gut verschiedene Adjektive zur Beschreibung von Klängen einführen.

AB 5.2: Musik mit dem Stuhl (2)

Mit dem Ballon oder einer Schachtel bekommt die Gummibandsaite einen Klangkörper. Entscheiden Sie sich möglichst für eine Variante. Die Luftballons dürfen nicht zu groß sein, sonst ist der Winkel der Saite zu steil. Sie werden mit einem Streifen Klebeband fixiert. Die (Streichholz-)Schachtel muss an der Rückseite der Lehne eingeklemmt werden. Alle Arten kleiner, leichter Schachteln sind dafür geeignet.

Die Schüler gewinnen mit dem Klangkörper die Erkenntnis, wie der Resonanzkörper den Saitenklang verstärkt. Das soll in den Berichten verbalisiert werden. Für das Spielen der Melodie hilft es, die Zahl der verwendeten Töne einzuschränken, z. B.: „Spiele eine Melodie aus fünf Tönen und wiederhole sie mehrmals." Nicht allen Schülern gelingt es, kleine Kinderliedmelodien nachzuspielen. Oft stimmt der Rhythmus, aber die Tonhöhe ist ganz willkürlich oder wird durch das Mitsingen definiert. Wenn mehreren Kindern eine erkennbare Melodie gelingt, kann ein Ratespiel den Unterricht abschließen.

Für die vertiefende Beschäftigung mit Saiteninstrumenten kommen im 3. und 4. Schuljahr die Projekte *L 6 Einsaiter* und *L 7 Harfe und andere Saiteninstrumente ohne Griffbrett* zum Einsatz.

L 6   Einsaiter

Saiteninstrumente sind wahrscheinlich die verbreitetsten Musikinstrumente und deshalb für den Musikunterricht besonders wichtig. Mit dem Einsaiter bauen die Schüler ein stimmbares Saiteninstrument, auf dem mit den Fingern auf dem Griffbrett verschiedene Töne gespielt werden können. Es ist ein gutes Anschauungsmodell für alle derartigen Instrumente.

AB 6.1: Mein Einsaiter

Für diese Arbeit ist es sinnvoll, wenn Sie als Lehrkraft das Material (siehe Arbeitsblatt) besorgen. Nur die Dose bringen die Kinder selbst mit. Gardinenringe, Vierkantleisten, Paket- oder Kraftklebeband, Schleifpapier und Nylonschnur erhalten Sie im Baumarkt. Aus den handelsüblichen zwei Meter langen Leisten lassen sich vier Einsaiter bauen. Luftmatratzenstöpsel gibt es im Fachhandel für Campingbedarf oder können per Internet bestellt werden.

Für den Bogen können die Kinder das Material selbst besorgen. Das Werkzeug ist in einem normal ausgestatteten Werkraum einer Grundschule vorhanden. Falls nicht: Es lohnt sich, davon jeweils einen Klassensatz anzuschaffen. Die Luftmatratzenstöpsel gibt es in unterschiedlicher Dicke, danach richtet sich dann die Stärke des Bohrers.

Folgen Sie der Bauanleitung auf dem Arbeitsblatt. Die Herstellung ist nicht schwierig. Allerdings haben viele Schüler kaum Erfahrungen im Umgang mit dem Werkzeug. Das erschwert die Arbeit. Planen Sie deshalb ausreichend Zeit ein. Die Arbeit beginnt mit der Vorbereitung der Gardinenringe. Dafür müssen Sie eine Stunde einplanen. Die Füße werden mit Schleifpapier (120er) auf der Tischplatte eben geschliffen. Dann folgt die Vorbereitung der Leiste. Das kann gut auf zwei Stunden aufgeteilt werden. Dann braucht nur noch der Korpus an die Leiste geklebt und die Saite gespannt werden. Der konische Stöpsel muss fest in das Loch gedrückt werden. Notfalls verhindert etwas Kreidestaub das Rutschen.

Mit den fertigen Instrumenten können die Schüler ein Orchester zusammenstellen und darin Gruppen nach Tonhöhen und Spielweise bilden. Das Einsaiter-Orchester, evtl. zusammen mit dem Minischlagzeug, kann zum Musizieren z. B. mit dem Vorschlag *L 17 Malen mit Klängen (Soundpainting)* eingesetzt werden.

AB 6.2: Der Einsaiter ist ein Saiteninstrument
AB 6.3: Spielen auf dem Einsaiter (1)
AB 6.4: Spielen auf dem Einsaiter (2)

Die Erkundung und Einordnung des Einsaiters kann mit den Arbeitsblättern in Einzel- oder Gruppenarbeit erfolgen.

AB 6.5: Mein Bogen für den Einsaiter
AB 6.6: Spielen mit dem Bogen

Die Möglichkeit, zusätzlich einen Bogen zu bauen, kann gut zur Differenzierung eingesetzt werden. Es ist nicht unbedingt erforderlich, dass alle Schüler den Bogen haben.

Zur Weiterarbeit

Eine Stelle für Solovioline ist am Schluss des 4. Satzes der Scheherazade von Nikolai Rimski-Korsakow[7]. Empfehlenswert ist auch die Sonatine für Mandoline, Gitarre und Cello, 1. Satz, von Fritz Pilsl vom Album „Le Copain". Darin ist der Kontrast zwischen Zupf- und Streichinstrumenten gut

zu hören. Verschiedene Aufnahmen von Django Reinhardt mit Stephane Grapelli eignen sich ebenso. Niccolò Paganini hat schöne Stücke für Gitarre und Violine komponiert. Die Sonate Nr. 1 in A-Dur, op. 3, presto variato für Violine und Gitarre ist mit nur gut einer Minute ein schönes Beispiel für den Unterricht.

L 7   Harfe und andere Saiteninstrumente ohne Griffbrett

Verschieden lange Saiten, die über oder an dem Resonanzkörper befestigt sind, bilden die Grundlage für viele Instrumente. Heute sind vor allem die Harfe und das Klavier mit seinem Vorläufer dem Cembalo bedeutsam. Außerdem gibt es die verschiedenen Zithern oder das Hackbrett, die unseren Schülern jedoch selten begegnen.

Von grundlegender Bedeutung ist die Erkenntnis des Zusammenhangs zwischen Saitenlänge und Saitendicke für die Tonhöhe der Saiten und die Rolle des Resonanzkörpers für die Lautstärke. Das können die Schüler im Selbstbau und beim Experimentieren leicht erlernen.

AB 7.1: Meine Obstkistenharfe
AB 7.2: Meine Schubladenharfe

Entscheiden Sie sich für einen der unterschiedlichen Bauvorschläge „Obstkistenharfe" oder „Schubladenharfe". Es ist auch möglich, beide Versionen anzubieten und später zu vergleichen.

Material

Als Kisten eignen sich gut kleine Clementinenkisten, die im Winter im Supermarkt erhältlich sind. Es können aber auch Plastikobstkisten sein. Pappkisten sind nicht geeignet. Als Alternative kommen alte Schubladen oder Sortierkisten infrage. Es eignet sich auch ein alter Koffer oder Sie finden bei einer Entrümpelungsaktion in der Schule noch alte Diakästen oder CVK-Koffer.

Als Plastikschnur eignet sich besonders Dekoschnur (Baumarkt) oder Angelschnur (Fachgeschäft, Internet). Die Schnur sollte nicht zu dünn, aber auch nicht zu steif sein. Empfehlenswert ist eine Stärke von 0,5 bis 0,7 mm.

Der Knopf sollte nicht zu klein sein (mindestens die Größe einer 1-Cent-Münze) und vier Löcher haben. Dann lässt sich die Schnur am besten verknoten. Eine dicke Holzperle ist eine gute Alternative.

Die Holzleistenstücke können z. B. aus Abfallholz oder Anmachholz sein. Auch die Holzklötzchen können daraus gesägt werden. Kleine Bauklötze oder Legosteine erfüllen diesen Zweck ebenso.

Werkzeug

Die Schere brauchen Sie nur zum Schneiden der Schnur. Als Bohrer eignen sich kleine Bohrleiern mit einem 3 mm Bohrer oder Nagelbohrer in dieser Stärke. Sehr viele Schüler können auch mit Akkuschraubern umgehen, wenn diese nicht zu groß sind. Beim Bohren können Eltern sehr gut helfen. Eine Bitte um technische Hilfe motiviert vielleicht auch Väter zur Mitarbeit.

Tipps zur Durchführung

Zeigen Sie zur Vorbereitung ein Bild oder das Modell der fertigen Obstkistenharfe und/oder Schubladenharfe und besprechen dann, was dafür benötigt wird und wie die Materialien zu beschaffen sind.

Die Herstellung des Instruments nach der Anleitung auf dem Arbeitsblatt ist einfach. Ein vorbereitetes Modell als Anschauungsobjekt erleichtert aber den Schülern die Aufgabe sehr. Planen Sie ausreichend Zeit ein. Die Schüler sind als Handwerker sehr motiviert, aber ungeübt.

Die Arbeit beginnt mit dem Bohren der Löcher. Ein guter Tipp ist es, diese vorher anzuzeichnen. Nach

---

[7]   Zu finden in: Bromm, Michael: Ohrenöffner für Kinder. 10. Aufl., AOL-Verlag: Hamburg 2013, S. 24 („Ein Schiff in Seenot"), CD-Track Nr. 12.

dem Bohren der Löcher wird der Verlauf der Schnur aufgezeichnet und die Länge grob abgemessen. Dann wird das entsprechende Stück Schnur abgeschnitten. Der Knopf wird an einem Ende verknotet. Nun wird die Schnur aufgezogen. Bevor das Ende am Knopf verknotet wird, muss die Schnur sehr stramm gespannt werden. Die letzte Spannung erfolgt durch die untergesetzten Klötze oder Leisten.

Hinweise zur „SHOW"
Der Kasten „Show" kann vor dem Kopieren umgeknickt werden. Wenn Sie und die Kinder zu dieser Aufführung Lust haben, ergibt sich ein sehr spannendes, fächerübergreifendes Projekt.

Möglichst farbenfrohe, mit Deckfarben getuschte Bilder der Kinder zu der Geschichte sowie zusätzliche Ausschnitte (Figuren, Pflanzen, andere Details) werden digital fotografiert. Die Bilder werden in ein Bildverzeichnis in der gewünschten Reihenfolge auf dem Computer gespeichert und können dann zusammen mit der Musik und dem vorzulesenden Text als Diashow per Mausklick gezeigt werden. Das ist sehr eindrucksvoll.

AB 7.3: Untersuche deine Kistenharfe!
Die Kinder werden nach der Arbeit beginnen, das Instrument zu erforschen. Das geschieht zunächst frei.

Hier sind ein paar mögliche Notizen für das Telefongespräch:
- Die Saiten sind auf eine Kiste gespannt.
- Zwischen Kiste und Saite klemmen Klötze oder eine Leiste.
- Die Saiten sind verschieden lang.
- Lange Saiten klingen tief, kurze klingen hoch.

Wenn die Kinder im weiteren Verlauf die Tonleiter spielen, wird es nicht die diatonische „Alle-meine-Entchen-Leiter" sein.

AB 7.4: Die Harfe ist ein Saiteninstrument ohne Griffbrett
Dieses Arbeitsblatt bedarf nur weniger Hinweise. Die Saiten des Flügels sind nicht genau zu sehen. Die Schüler werden aber aus der Form erkennen, wo die Saiten angebracht sind.

Ein geeignetes Hörbeispiel zur Harfe ist das Stück „Eine Nacht auf dem Kahlen Berge" von Modest Mussorgski.[8]

8   Ausschnitt zu finden in: Bromm, Michael: Ohrenöffner für Kinder. 10. Aufl., AOL-Verlag: Hamburg 2013, S. 20 („Welche Tageszeit ist es?"), CD-Track Nr. 8.

L 8   Flöten

Flöten sind Holzblasinstrumente, bei denen die Luftschwingung in einer Röhre (oder einem Gefäß, wie z. B. bei der Okarina) durch Verwirbelung des Luftstroms beim Blasen über eine scharfe Kante (Rand das Blaslochs oder Labium) erzeugt wird. Die Tonhöhe wird durch die Rohrlänge bestimmt: entweder durch Löcher, die das Rohr verkürzen (ausgenommen die Lotusflöte), oder durch die Kombination verschiedener Rohre.

Erste Flöten entstanden schon in vorgeschichtlicher Zeit, z. B. aus Schilfrohren oder Knochen. Die Kombination verschieden langer Rohre oder Rohre mit Grifflöchern ist ebenfalls sehr alt. Entsprechend lassen sich Experimente mit Flöten mit sehr einfachen Materialien durchführen. Besonders gut eignen sich dafür Kunststoffrohre, die in jedem Baumarkt leicht erhältlich sind. Aber auch viele Rohre und Gefäße, die alltäglich gebraucht werden, lassen sich als Flöten verwenden.

AB 8.1: Was pfeift denn da? (1)
AB 8.2: Was pfeift denn da? (2)
Dies ist der Einstieg für das Blasen auf Flöten und schon mit jüngeren Schülern durchführbar. Das Bauen von Pan- oder Querflöte kann sich anschließen.

Das Blasen über eine Röhre ist nicht schwierig. Es erfordert aber doch etwas Übung, Luftstrom und Stellung des Rohres auszubalancieren. Vielen Schülern gelingt es schnell, weil sie schon einmal auf einer Stiftkappe oder einer Getränkeflasche einen Ton geblasen haben. Kinder, die schon Querflötenunterricht haben, können den anderen helfen.

Die übrigen Schritte ergeben sich aus den beiden Arbeitsblättern und den Vorschlägen zur Weiterbeit (siehe unten).

AB 8.3: Meine Panflöte
Der Bau einer Panflöte aus einem Kunststoffrohr ist sehr einfach.

Werkzeug
Puksäge, Schleifpapier (Körnung 120, für die Schüler in etwa handgroßen Rechtecken)

Material
E-Rohr starr, 16 mm (aus dem Baumarkt, i. d. R. wird es in zwei Metern Länge verkauft), für die Stopfen:
- Fußkappen für Rundrohre, 16 mm (beste Lösung, aber etwas teurer) oder
- Knete (oder Kaugummi, hält besser und ist lustig, aber: Hygiene!) oder
- EVA-Gleiter, 16 mm (für Möbelfüße, praktisch, aber nicht so fest wie die anderen Vorschläge)
- breites Kraftklebeband

Wenn hilfreiche Eltern oder der Hausmeister die Rohre vorbereiten, geht die Arbeit schnell von der Hand. Besonders Jungen macht es jedoch mehr Spaß, wenn sie selbst sägen und schleifen dürfen. Diese Freude über das eigene Produkt erhöht ihre Motivation, darauf zu spielen.

Das Glätten der Schnittstellen ist besonders an der Anblasseite wichtig.

AB 8.4: Meine Querflöte
Auch das Bauen einer eigenen Querflöte ist einfach.

Werkzeug
Puksäge, Handbohrer mit Bohrspitzen in acht und sechs Millimetern Stärke, Schleifpapier (Körnung 120, für die Schüler in etwa handgroßen Rechtecken), Teppichmesser

Material
E-Rohr starr, 16 mm (aus dem Baumarkt, i. d. R. wird es in zwei Metern Länge verkauft), für die Stopfen:
- Fußkappen für Rundrohre, 16 mm (beste Lösung, aber etwas teurer) oder
- Knete (oder Kaugummi, hält besser und ist lustig, aber: Hygiene!)

Folgen Sie für die Vorbereitung den Schritten auf dem Arbeitsblatt. Beim Bohren nicht zu fest drücken. Es könnte die Rückseite des Rohres beschädigt werden; notfalls mit Klebeband flicken. Das Glätten – besonders des Blasloches – ist sehr wichtig. Man kann dazu das Schleifpapier zu einer Spitze drehen.

AB 8.5: Die Flöte ist ein Holzblasinstrument

Hier können die Schüler ihre Flöte einordnen und mit den „richtigen" Instrumenten, der Panflöte, der Querflöte und der Blockflöte, vergleichen.

Vorschläge zur Weiterarbeit

Spiele zum Ausprobieren:

- „Ein unsichtbarer Geist fliegt durch den Raum": Nacheinander, z. B. im Kreis, bläst jedes Kind einen Ton, sodass ein ununterbrochener Klang entsteht, der durch den Raum schwebt.
- „Ruf und Echo": Ein Kind bläst eine Dreitonmelodie. Das nächste Kind imitiert diese Tonfolge und bläst dann eine eigene, neue Dreitonphrase. Diese imitiert das nächste Kind und erfindet wieder eine eigene usw.

Ideen zum kreativen Einsatz der Instrumente:

- *L 11 Der Marsch der wilden Kerle*
- *L 12 Spielleute – Musik zur Ritterzeit*
- *L 17 Malen mit Klängen (Soundpainting)*
- *L 18 Nachts im Wald – Gruselmusik und Gespensterkanon*

Vorschläge für Hörbeispiele:

- „Spirit of Air" und „Spirit of Sun" von Marilyn Mazur und Jan Gabarek vom Album „Elixir". Die beiden Stücke können auch als Anregung zum Weiterimprovisieren dienen.
- „Eine Nacht auf dem Kahlen Berge" von Modest Mussorgski[9]

Instrumentalunterricht:

Wenn Ihre Schule eine Blockflöten-AG anbietet, könnte dieser Unterricht dafür genutzt werden. Der Kontakt zur Flötenabteilung der örtlichen Musikschule, evtl. ein Besuch dort, bieten sich ebenfalls an. Viele Musikschulen bieten Vorspielstunden der verschiedenen Instrumentallehrkräfte an. Das ist eine gute Möglichkeit, besonders wenn vielleicht Klassenkameraden daran beteiligt sind.

In vielen Orten gibt es Spielmannszüge, die oft eine kostenlose, gute musikalische Grundausbildung anbieten. Auf diese außerschulischen Möglichkeiten sollten alle Schüler unabhängig vom Musikgeschmack hingewiesen werden. Wenn Sie Schüler haben, die schon im Spielmannszug mitspielen, können diese ihr Instrument vorstellen und den Kontakt herstellen.

L 9   Vuvuzela – Die Stadiontrompete

Die mit der Fußball-WM 2010 bekannt gewordenen Fußballtrompeten aus Afrika eignen sich sehr gut, um die Spielweise von Blechblasinstrumenten zu untersuchen. Sie sind im Internet und oft auch in Sonderpostenmärkten erhältlich. Wenn Sie zufällig über ein günstiges Angebot stolpern (ca. 1 Euro), sollten Sie sich evtl. einen Vorrat anlegen. Sie können auch den Schülern aufgeben, diese Instrumente aus dem Familienbesitz mitzubringen oder zu besorgen.

Hinweis

Mit der Vuvuzela gelingt Ihnen eine handlungsorientierte Einführung der Blechblasinstrumente!

AB 9.1: Vuvuzela – Die Stadiontrompete
AB 9.2: Untersuche die Vuvuzela

Ich empfehle zunächst den Gefahrenhinweis zu bearbeiten, z. B. indem das Wort „Gefahr" rot ausgemalt wird. Wenn Sie das für Ihre Schüler nicht brauchen, knicken Sie den Teil des Arbeitsblattes weg. Außerdem ist es sinnvoll, während des Projektes die Vuvuzelas mit Namen zu beschriften und im Musikraum aufzubewahren (z. B. in einem leeren Papierkorb).

Probieren Sie die Tonerzeugung möglichst vorher aus. Es ist nicht schwer, wenn Sie nicht zu viel pressen. Ein Bekannter oder Kollege, der ein Blechblasinstrument spielt, ist bestimmt bereit, Ihnen dabei zu helfen.

© AOL-Verlag

---

9   Ausschnitt zu finden in: Bromm, Michael: Ohrenöffner für Kinder. 10. Aufl., AOL-Verlag: Hamburg 2013, S. 20 („Welche Tageszeit ist es?"), CD Track Nr. 8. Das letzte Solo vor dem Ende wird von der Flöte gespielt (ab 2:30 Min.).

Nach diesen Vorbereitungen können die Schüler mit diesen Arbeitsblättern allein oder in Kleingruppen ihre Vuvuzela erforschen.

AB 9.3: Die Vuvuzela unterstützt die Fangesänge

Dieses Arbeitsblatt bleibt dicht am Thema „Fußball". Es kann leicht entsprechend der aktuellen Entwicklung der Fußballlandschaft, dem regionalen Verein und einer anderen Sportart angepasst werden. Andere Einsatzgebiete sind in der Schule oft reizvoller. Weisen Sie in dem Fall die Schüler auf den letzten Absatz hin.

AB 9.4: Mit der Vuvuzela musizieren

Dies ist eine Alternative zu den Fangesängen des vorangegangenen Arbeitsblattes.

AB 9.5: Experimente mit Vuvuzelas

Nach der Besprechung des Arbeitsblattes können die Schüler selbstständig experimentieren. Das wird zusätzlich benötigt:

- Werkzeug: Als Werkzeug benötigen Sie Puksägen mit Metallblatt für die Plastikrohre, eine Gartenschere für Schläuche sowie Scheren zum Schneiden des Klebebandes und evtl. einen Föhn (siehe Tipp auf dem Arbeitsblatt). Wenn möglich, bitten Sie den Schulhausmeister um Hilfe. Vielleicht hat er ja Rohr- und Schlauchreste und ist froh, diese loszuwerden.
- Material: Das Verbrauchsmaterial erhalten Sie in jedem Baumarkt: Rohre (z. B. runder Kabelkanal bzw. E-Rohr starr, 25 mm, oder einen Plastikschlauch, ein Zoll Durchmesser, gebräuchlich für Teichpumpen), Klebeband.

Im Sommer können Sie gut draußen arbeiten, sonst vielleicht im Werkraum oder im Fahrradkeller.
Die Ergebnisse werden die Schüler leicht herausfinden. Je länger das Rohr, desto tiefer der Ton.

Vielleicht haben Sie noch Zeit, dass die Schüler sich in einer Tonleiter anordnen?
Auf den längeren Rohren ist es oft einfacher, mehrere Naturtöne zu spielen. Die Veränderung der Lippenspannung, die dazu notwendig ist, gelingt leicht, wenn die Schüler sich als Anblassilben „tu", „tü" oder „ti" vorstellen.

AB 9.6: Die Vuvuzela sieht aus wie ...

Mit diesem Arbeitsblatt wird die Einordnung der Vuvuzela in das System der Musikinstrumente erarbeitet.
Sie zählt zu den Blechblasinstrumenten. Die allermeisten Blechblasinstrumente sind aus (Messing-)Blech. Es gibt Ausnahmen, z. B. Alphörner oder Kuhhörner. Die gemeinsamen Merkmale sind die Tonerzeugung mit vibrierenden Lippen durch ein trichter- bzw. kesselförmiges Mundstück und die Tonhöhenveränderung durch Lippenspannung sowie die Verlängerung des Rohres durch Zug oder Ventile. Mehr dazu finden Sie z. B. in der Instrumentenkartei von „Ohrenöffner für Kinder"[10]. Ebenfalls enthalten sind Hörbeispiele für Trompete („The Unanswered Question" von Charles Ives[11]) und Posaune („Teddy The Toad" von Neal Hefti[12]).
Weitere Hörbeispiele gibt es im Internet (z. B. http://www.br-online.de/kinder/spielen-werkeln/spiele/boerni/flughafen.html, darin „Konzertsaal"). Es eignet sich auch jede Aufnahme eines Blechbläserquintetts, wie z. B. „Canadian Brass" oder „Munich Brass Quintett". Letzteres stellt auf seiner Internetseite ein anschauliches, kurzes Video zur Verfügung: http://www.munichbrass-connection.de/main.html.

Vorschlag zur Weiterarbeit

Eine Weiterarbeit mit *Der Marsch der wilden Kerle (L 11)* könnte sich anschließen.

L 10 Rohrblattinstrumente

... zählen zu den Holzblasinstrumenten, obwohl sie heute auch aus Metall und/oder Plastik hergestellt werden; in früherer Zeit auch aus Knochen oder Elfenbein. Im Gegensatz zu den (meisten) Blechblasinstrumenten handelt es sich fast ausschließlich um „Rohre mit Löchern". Die Töne wer-

---

[10] Bromm, Michael: Ohrenöffner für Kinder. 10. Aufl., AOL-Verlag: Hamburg 2013, S. 32 ff.
[11] Ders., CD-Track Nr. 9.
[12] Ders., CD-Track Nr. 17.

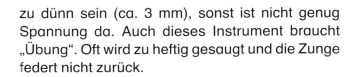

den durch die Verkürzung der Luftsäule höher, indem die Löcher geöffnet werden. Bei den Blechblasinstrumenten („Rohre mit Ventilen") werden die Töne hingegen durch die Verlängerung der Luftsäule tiefer, da die Luft umgeleitet wird.

Die Kinder lernen mit den Experimenten und Bastelvorschlägen, wie „Blättchen" die Luft zum Schwingen bringen. So lernen sie den Klang des Rohrblatttones kennen. Sie probieren aus, wie unterschiedliche Rohrlängen die Tonhöhe und Klangfarbe der Instrumente beeinflussen.

AB 10.1: Wie Blätter Töne machen
Die ersten Schritte sind ganz einfache Experimente mit Papier. Auch das Blasen mit Gras- oder Schilfhalmen gehört dazu. Dabei erkennen die Kinder, wie das Zusammenspiel von Blatt und Luft einen Ton erzeugt.

Die einfachste Erklärung für die Tonentstehung ist, dass die Luft zwischen den beiden Seiten des Blattes zittert. Das gibt einen lauten Ton. Für ältere Kinder könnte es auch präziser formuliert werden, z. B.: Die Luft versetzt die beiden Blattseiten in Schwingungen und fängt dadurch an zu vibrieren. So entsteht ein Ton. Bei kleinen Blättern schwingt das Blatt schneller. Der Ton wird höher.

Eine Variante ohne Arbeitsblatt für Schulanfänger: Führen Sie die Aufgabe den Schülern vor und geben Sie dann das Material aus. Besprechen Sie anschließend die Ursache für die Tonentstehung mit den Kindern.

AB 10.2: Das Brummrohr
Das Brummrohr ist schon ein richtiges Instrument. Es ist leicht zu bauen und das Zusammenspiel zwischen Luft bzw. Atmung und Blatt wird besonders gut erfahrbar.

Hinweise zum Bau des Brummrohres: Es ist eigentlich ganz einfach. Folgen Sie nur den Anweisungen auf dem Arbeitsblatt. Der Stift sollte entfernt werden, bevor das Rohr verklebt wird. Die Verbindung zwischen Zunge und Rohr sollte nicht

zu dünn sein (ca. 3 mm), sonst ist nicht genug Spannung da. Auch dieses Instrument braucht „Übung". Oft wird zu heftig gesaugt und die Zunge federt nicht zurück.

Lösungsvorschläge:
● Es entsteht ein Brummton.
● Das kleine Dreieck vibriert und bringt die Luft zum Schwingen.

AB 10.3: Musizieren auf Trinkhalmen
Die bewährte Art, aus Trinkhalmen Rohrblattinstrumente zu bauen, wird ausführlich erklärt und mit zusätzlichen Experimenten ergänzt. Mit verschieden langen Trinkhalmen mit und ohne Grifflöcher können sie eine dudelsackartige Improvisation spielen.

Hinweise zum Bauen: Benutzen Sie unbedingt lange Maxi-Trinkhalme (für Sangria, Partytrinkhalme) mit möglichst großem Durchmesser: 6,5 oder 7 mm. Folgen Sie dann den Anweisungen auf dem Arbeitsblatt. Teilen Sie für die ersten Versuche den langen Trinkhalm in drei Teile. Wenn Sie sich für das Anbringen von Grifflöchern an der Blockflöte orientieren wollen, sollten die Halme ca. 30 cm lang sein.

Es empfiehlt sich, die Grifflöcher erst anzubringen, wenn die Halmoboe ohne diese gut klingt. Es reichen zwei Löcher, z. B. ca. drei Fingerbreit vor dem Rohrende und im gleichen Abstand darüber. Die Größe der geschnittenen Spitze ist nicht so wichtig, sie sollte aber möglichst gleichseitig sein. Beim Blasen sind drei Faktoren zu beachten:
1. Wie weit muss das Doppelrohrblatt zwischen die Lippen genommen werden?
   Meistens so weit der Halm aufgeschnitten ist.
2. Wie fest müssen die Lippen zusammengepresst werden?
   Meistens nur sehr vorsichtig.
3. Wie stark muss man blasen?
   Meistens nicht mehr, als vorsichtig eine Kerze auszublasen.

Das alles erfordert etwas Geduld. Fast immer gelingt es einigen Kindern aber sofort. Diese können dann den anderen helfen.

> **Tipp**
>
> Weitere Anregungen zu Experimenten mit Doppelrohrblättern aus Trinkhalmen finden Sie in: Lischka, Angela: Die Experimusizierwerkstatt 3/4. 2. Aufl., AOL-Verlag: Hamburg 2009.

AB 10.4: Die Halmoboe ist ein Rohrblatt-instrument

Mit diesem Arbeitsblatt wird die Einordnung der Halmoboe in das System der Musikinstrumente erarbeitet.

Vorschläge zur Weiterarbeit

Bau einer Chalumeau bzw. Schalmei: Etwas aufwendiger, aber sehr motivierend, ist es, ein Chalumeau oder eine Schalmei (eine primitive Klarinette) zu bauen und darauf zu musizieren. Dabei lernen Ihre Schüler die Funktion des einfachen Rohrblattes kennen. Eine Bauanleitung dafür findet sich in „Die Experimusizierwerkstatt"[13].

Musizieren mit den Rohrblattinstrumenten: Die Klänge mit Papierblättern und Brummrohren lassen sich gut für die Klanggestaltung von Gruselgeschichten verwenden. Außerdem eignen sie sich als Vorspiel oder zur Gestaltung von Liedern wie: „Die alte Moorhexe" (Text: Wolfgang Jehn, Melodie: Margarete Jehn), „Wirrle, warrle, was ist das?" (Herkunft unbekannt), „Morgens früh um

sechs" (Herkunft unbekannt) oder „Finster, finster" (Herkunft unbekannt).

Ein Vorschlag zum Spielen mit den Halmoboen befindet sich übrigens in *L 12 Spielleute – Musik zur Ritterzeit*. Dort sind Spielleute mit Dudelsack und Trommeln zu sehen.

Hörbeispiele

- „Orientales" auf dem Album „Elixir" von Marilyn Mazur und Jan Gabarek
- Rondo aus dem Oboenkonzert in C-Dur (KV 314) von W. A. Mozart (ca. die ersten zwei Minuten)
- „Wildcat Blues" von Fats Waller und Clarence Williams mit Monty Sunshine an der Klarinette
- Duo für Klarinette und Fagott, Adagio e sostenuto von Carl Philipp Emanuel Bach, in: Bromm, Michael: Ohrenöffner für Kinder. 10. Aufl., AOL-Verlag: Hamburg 2013, S. 18 (CD-Track Nr. 6)
- Dudelsackmusik z. B. von „Spielleut' Rabenschar" (💿 Track Nr. 3)

L 11 Der Marsch der wilden Kerle

Mit einfachen Mitteln können Sie diesen Quatsch-Marsch zu jeder Gelegenheit einsetzen, z. B. für einen Faschingseinzug oder die Eröffnung des Schulfestes.

Das erste Arbeitsblatt dient zur Einführung, die weiteren sind für die einzelnen Gruppen gedacht.

AB 11.1: Hier kommen die wilden Kerle!

Besprechen Sie den Anlass bzw. das Thema des Marsches. Entscheiden Sie allein oder mit den Schülern gemeinsam über die Instrumente.

- Als Schlagzeug eignen sich Alltagsgeräte oder vorhandene Instrumente. Alltagsgeräte bieten sich besonders gut an, wenn Sie schon mit Schrottinstrumenten (siehe *L 4 Schrotttrommeln*) gearbeitet haben.

- Vuvuzelas (siehe *L 9 Vuvuzela – Die Stadiontrompete*) sind tolle Instrumente für diesen Marsch. Als Alternative können auch Kazoos (einfache Tröten, in die man hineinsingt) genommen werden. Die „Anblassilben" auf *AB 11.2: Vuvuzela* eignen sich auch dafür.

Passen Sie ggf. gemeinsam die Instrumentenbezeichnungen auf den Arbeitsblättern an.

AB 11.2: Vuvuzela

Weitere Hinweise zum Spielen auf Vuvuzelas finden Sie unter *L 9 Vuvuzela – Die Stadiontrompete*.

AB 11.3: Blockflöte

Dies ist eine gute Möglichkeit, das beliebte Schulinstrument unkonventionell einzusetzen. Die bei-

---

13 Lischka, Angela: Die Experimusizierwerkstatt 3/4. 2. Aufl., AOL-Verlag: Hamburg 2009, S. 17.

den Töne sind leicht zu spielen. Wenn es zu sehr „quietscht", liegt das an zu starkem Luftdruck (Tipp: „Puste, aber nur so sanft, dass die Kerze nicht ausgeht.") oder unsauberen Griffen (Tipp: „Auf den Fingerkuppen musst du runde Abdrücke sehen.").

Für kleine Kinder und Anfänger kann die Stimme auch nur auf dem Flötenkopf gespielt werden. Dabei wird das untere Ende entweder zugehalten (tiefer Ton) oder geöffnet (hoher Ton). Es ist sehr wahrscheinlich, dass es in der Klasse Kinder gibt, die Blockflötenunterricht haben oder hatten. Das sind gute Trainer! Für sie ist das Notenbeispiel gedacht.

Andere Instrumente (Querflöte, Geige, Melodica u. a.) können auch nach den Noten mitspielen. Vorsicht bei Querpfeifen (aus dem Spielmannszug), da diese oft Ces als Grundton haben. Bei den Trompeten ist es oft das B.

AB 11.4: Freche Sprüche
Die Sprüche haben in diesem Stück die Funktion einer Melodiestimme. Für alle Sprüche gilt der Hinweis, den Marschrhythmus durch Gehbewegungen mit den Füßen zu trampeln und die Texte dazu passend zu sprechen.

Als Beispiel dient ein „Klapphornvers", ein Scherzgedicht nach dem Muster:

Zwei Knaben gingen durch das Korn,
der andre blies das Klappenhorn.
Zwar konnt er nicht schön blasen,
doch blies er's ein'germaßen.

Weitere Klapphornverse finden sich z. B. auf Wikipedia (Stichwort: „Klapphornvers"). Hier ist noch ein Beispiel:

Zwei Knaben liefen durch das Korn,
der andere hinten, der eine vorn
und keiner in der Mitte,
man sieht, es fehlt der Dritte.

Auch andere witzige Kindergedichte eignen sich, z. B.:

Dunkel war's, der Mond schien helle,
auf die grün beschneite Flur,
als ein Auto blitzeschnelle,
langsam um die Ecke fuhr.
Drinnen saßen stehend Leute,

schweigend ins Gespräch vertieft,
als ein totgeschossener Hase auf dem Sand-
berg Schlittschuh lief.

(Autor unbekannt)

Eine kleine Dickmadam,
fuhr mal mit der Eisenbahn.
Dickmadam, die lachte,
Eisenbahn, die krachte.
Eins, zwei, drei
und du bist frei!   (Dunger, Hermann 1874)

Eine gute Quelle sind verbreitete Abzählverse, davon kennen die Kinder viele, auch freche:

Ene, mene, mopel. Wer frisst Popel?
Süß und saftig, einen Euro achzig.
Einen Euro zehn. Du kannst gehen.

Ebenso eignen sich verschiedene Zungenbrecher, z.B.:
- *Fischers Fritz fischt frische Fische, frische Fische fischt Fischers Fritz.*
- *Wenn Fliegen hinter Fliegen fliegen, fliegen Fliegen Fliegen nach.*
- *Es klapperten die Klapperschlangen, bis ihre Klappern schlapper klangen.*

Oder: „Fritz Stachelwald" und „Ein Elefant marschiert durchs Land" sowie die Tiergedichte „Der Elefant", „Der Kuckuck", „Der Dachs", „Der Specht", „Der Fisch im Meer" und „Der Maulwurf" von Josef Guggenmoos[14].

Einige der „Schnurpsengedichte" von Michael Ende[15] sind besonders gut geeignet, z.B.: „Was ist ein Schnurps?", „Drei neue Abzählverse", „Schnurpsenklage", „Das Schnurpsenkonzert", „Die Trolle".

Zu besonderen Anlässen können die Schüler eigene Texte erfinden, z. B. zur Begrüßung:

Guten Abend, liebe Gäste. Endlich seid ihr hier!
Passt gut auf, sitzt schön still und werft nicht mit Papier.

AB 11.5: Schlagzeug
Wenn die Schüler schon Erfahrung mit Schlaginstrumenten haben, z. B. durch das Projekt *Drums to go – Das Minischlagzeug (L 2)*, den *Trommelkurs (L 3)* oder das *Schrotttrommeln (L4)*, fällt ihnen diese Aufgabe nicht schwer. Falls nicht, brauchen sie sicher Hilfe für die einzelnen Rhyth-

---

14 Guggenmoos, Josef: Was denkt die Maus am Donnerstag? 5. Aufl., Georg Bitter: Recklinghausen 1967.
15 Ende, Michael: Das Schnurpsenbuch. 8. Aufl., Thienemann: Stuttgart 1997.

men. Das kann z. B. durch Vor- und Nachklatschen mit der ganzen Klasse geschehen. Anregungen dazu finden Sie bei den Hinweisen zum Trommelkurs. Sehr hilfreich ist es, wenn die Merksprüche immer mitgesprochen werden.

AB 11.6: Der Marsch der wilden Kerle

Auf diesem Arbeitsblatt finden Sie eine Partitur des kompletten Marsches im DIN-A4-Format. Zusätzlich ist eine weitere Begleitstimme aufgeführt mit einem Vorschlag für ein tiefes, mittleres und hohes Schlaginstrument, z. B. große Trommel, kleine Trommel und Becken, oder Papierkorb, Blechdose und Rassel. Die beiden oberen Zeilen für die Vuvuzela und die Blockflöte können von Kindern mit Noten- und Instrumentenkenntnissen gespielt werden, entsprechend der *AB 11.2 Vuvuzela* und *AB 11.3 Blockflöte* auch sehr vereinfacht nach den Merksprüchen und Griffbildern. Das gilt auch für die Rhythmuszeile. In den meisten Fällen wird dieses Arbeitsblatt lediglich als Orientierung dienen, denn die Kinder spielen häufig auswendig.

L 12 Spielleute – Musik zur Ritterzeit

Das Thema „Mittelalter" und „Ritter" ist für viele Schüler sehr spannend. Es gibt dazu gutes Material für den Sachunterricht und viele Beispiele in der Kinderliteratur. Auch in den klassischen Märchen kommen viele Szenen in Burgen und Schlössern vor, die dazu passen.

Die Musik eignet sich außerdem gut, einige der selbst gebauten Instrumente praktisch einzusetzen. Das gilt vor allem für die Blasinstrumente Trinkhalmoboe, Querflöte und (mit Einschränkungen) Vuvuzela. Ebenso kann zum Trommeln das Schrottinstrumentarium verwendet werden. Daraus entsteht raue, rustikale Musik, die auch zu Räuber- oder Piratenfesten gut passt.

Mit einfachen Drei-Ton-Melodien und Borduntönen als Begleitung kann diese Musik mit traditionellen Instrumenten gespielt werden.

AB 12.1: Musik zur Ritterzeit

Dieses Arbeitsblatt dient als Einführung in das Thema. Die Betrachtung des Bildes ist ein guter Einstieg, ebenso das Klangbeispiel der Gruppe „Spielleut' Rabenschar" (Track Nr. 3). Erste Versuche mit ritterlichem Schreiten und Tanzen zur Musik können den Unterricht beleben. Wenn Sie keine tanzpädagogische Erfahrung haben, belassen Sie es bei improvisierten oder mit den Schülern erfundenen Tänzen. Anregungen dazu können Sie zeitgenössischen Bildern entnehmen. Viele Bilder und Musik auf Originalinstrumenten (nebst detaillierten Tanzbeschreibungen) finden Sie in „Renaissance-Tänze" von Hinrich Langeloh.[16]

AB 12.2: Spielleute auf einer Ritterburg
AB 12.3: Spielleute auf einer Ritterburg (Halmoboen)

Das Arbeitsblatt „Spielleute auf einer Ritterburg (Halmoboen)" kann verwendet werden, wenn Halmoboen benutzt werden, die Vorlage „Spielleute auf einer Ritterburg" eignet sich für alle anderen Besetzungen.

Die Erarbeitung der Stücke erfolgt mit Unterstützung der Arbeitsblätter in kleinen Gruppen. Nach der ersten Besprechung sollten alle Schüler Zeit haben, ihre Aufgabe vorzubereiten bzw. zu üben. Dazu ist es hilfreich, dass im Klassengespräch nach der ersten Gruppenarbeit jeder Schüler berichtet, was seine Aufgabe ist und wie er sich darauf vorbereitet. So wird die nächste Gruppenarbeit erfolgreich.

---

[16] Langeloh, Hinrich: Renaissance-Tänze. Verlag der Spielleute: Reichelsheim 1996; darin z. B. die „Branles", S. 71 ff., CD-Tracks Nr. 10 – 13.

Tipp

Die Musik passt in einem langsamen Gehtempo gut zu einem Einzug von Gästen beim Fest. Schnell gespielt passt sie zu einem Tanz im Kreis mit kurzen Hüpfschritten seitwärts nach links und rechts oder zur Mitte und zurück.

AB 12.4: Unsere Spielleutegruppe
AB 12.5: Meine Arbeitsgruppe
Als Unterstützung der Gruppenarbeit sind diese Protokollblätter vorgesehen. Das erste bezieht sich auf dieses Thema, das zweite ist allgemein gehalten, sodass es auch für andere instrumentale Gruppenarbeiten geeignet ist.

Musikalische Hinweise für die Besetzungen

Eigenbauten und Schrottinstrumente:
- Melodie nach „Mein Tipp": Halmoboe, Plastik-Querflöte, Panflöte und Rohrklarinette, auch möglich: Panflöte aus der Spielzeugkiste
- Bordun: ein oder zwei lange Halmoboen oder tiefer Ton auf der Vuvuzela
- Trommeln: z. B. Plastikfass (tief), Seifendose (hoch), Schüttelgefäß

„Richtige" Instrumente:
- Melodie nach „Mein Tipp" oder Extravorschlag mit Blockflöte, Keyboard oder Klavier, Geige und anderen C-Instrumenten; die vorgeschlagenen Melodien sind sehr einfach und von jedem Instrumentalanfänger zu bewältigen.
- Bordun: Schüler ohne Instrumentalkenntnisse spielen ein tiefes D auf der Blockflöte. Bei Sopran- oder Tenorblockflöten sollten Sie mit Tesafilm die Löcher (Daumen und eins bis sechs) abkleben. Streichinstrumente (Geige, Bratsche oder Cello) spielen die freie D-Saite, Tasteninstrumente (Keyboard oder Klavier) spielen ebenfalls ein tiefes D (evtl. zusätzlich ein A).
- Trommeln: Rahmentrommel, Holzblocktrommel, Schellenkranz des Orff-Instrumentariums

L 13 Piraten und Seeabenteurer

AB 13.1: Lieder und Tänze von See-
          abenteurern
AB 13.2: Piratenleben
Das Thema „Piraten" kommt in verschiedenen Zusammenhängen im Unterricht vor. In Norddeutschland ist es oft auch Teil der Regionalgeschichte. In der Kinderliteratur und in Filmen spielen Piraten häufig eine wichtige Rolle[17]. Es gibt außerdem viele Sachbücher und Lernwerkstätten. Es bietet sich deshalb an, dieses Thema fächerübergreifend zu behandeln. Bei einer Klassenfahrt ans Wasser können z. B. diese und andere Piratenlieder gesungen werden.

Der einführende Text auf dem ersten Arbeitsblatt stimmt die Schüler in das Thema ein. Das zweite Arbeitsblatt vermittelt eine Vorstellung davon, welche Funktion Musik im Leben der Piraten und Seeleute hatte.

Musikalisch betrachtet, gibt es kaum Unterschiede zwischen Piraten und anderen Seefahrern. Die drei vorgeschlagenen Stücke sind Beispiele für

---

[17] Beispiele: Stevenson, Robert Louis: „Die Schatzinsel"; Ende, Michael: „Jim Knopf und die Wilde 13"; Boie, Kirsten: „Seeräuber-Moses"; Funke, Cornelia: „Das Piratenschwein"; Lindgren, Astrid: „Pippi auf Taka-Tuka-Land".

verschiedene Funktionen der Lieder: ein typisches Shanty („Fass mit an!") als Taktgeber für gleichtaktiges Arbeiten, ein verbreitetes Seemannslied („Kaperfahrer") und ein (Seemanns-)Tanz („Siebensprung").

AB 13.3: Fass mit an!

Dieses Arbeitslied beim An-Land-Ziehen der Boote stammt ursprünglich von der Insel Hiddensee.[18]

Die einfache Form bietet sich an, weil sich Text und Melodie leicht merken lassen. Die vorgeschlagene Akkordbegleitung passt eigentlich nicht zur Arbeitssituation, kann aber das Lernen erleichtern. Auf die Silbe „So!" folgen vier Schritte auf die Taktschläge 2, 3, 4 und 1 (Ziehen des Bootes). Die können von den Schülern beim Singen „getrampelt" werden.
Falls möglich, sollte das Lied im Arbeitszusammenhang ausprobiert werden. Dazu könnte der Unterricht in die Sporthalle verlegt werden und mit einem Seil (zum Tauziehen sicher vorhanden, sonst mehrere Springseile verknoten) eine Gymnastikbank gezogen werden.

AB 13.4: Kaperfahrt

Das bekannte Lied von der Kaperfahrt (verbreitet in der Textform von Gottfried Wolters) eignet sich gut für die Grundschule. Ich habe den Text neu aus dem Niederländischen übertragen.[19]
Für die Begleitung gilt Ähnliches wie vorher. Schön klingt es, „Ho he ho ho" auch als Begleitung zum Lied zu singen. Dann passen jedoch die Akkorde nicht mehr. Entsprechend der Praxis des Singens an Bord werden bei diesen Shantys zusätzliche Textzeilen von den Sängern während des Liedes erfunden.

AB 13.5: Piratentanz „Siebensprung"

Es ist überliefert, dass an Bord der alten Schiffe getanzt wurde. Hornpipes, z.B. zu hören in der Wassermusik von Georg Friedrich Händel, gelten als typische Matrosentänze. Sie wurden an Bord mit einem Instrument (Fidel, Tinwhistle oder Blockflöte) gespielt, dazu wurde geklatscht und es kamen die lauten Klänge der (Holz-)Schuhe des Tänzers hinzu.

Diese Version von „Siebensprung" geht auf eine Vorlage aus Helgoland zurück. Er wurde so ähnlich von den Seeleuten (und vielleicht auch Piraten) der Insel getanzt. Es ist eigentlich ein Kreistanz, allerdings musste der Tanz in der beengten Situation an Bord an den Platz angepasst werden. So kann er auch in zwei Reihen gegenüber- oder hintereinander-, seitwärts- oder vor- bzw. rückwärtsgetanzt werden.

Der Tanz besteht nur aus kleinen Gehschritten (Schritte an Bord sind nur einen halben Fuß lang) und den sieben Sprüngen. Wenn die Musiker und Tänzer geübt haben, macht es Spaß, sehr langsam anzufangen und das Tempo zu steigern. Dabei werden die Sprünge eins bis sieben und anschließend rückwärts ausgeführt.

Melodie und Text sind einfach. Das Lied lässt sich auch leicht auf der Flöte spielen sowie mit tiefen Klängen der Akkordgrundtöne auf dem Xylofon begleiten.

---

[18] Originaltext: Segebrecht, Friedrich Wilhelm: Die Insel Hiddensee. Vitte (Selbstverlag) 1900; Melodie: Heilborn, Adolf: Zur Volkskunde von Hiddensee. In: Globus, Heft 78/1900.
[19] Die älteste Version des Liedes findet sich der niederländischen Liederdatenbank des Meertens Instituts und kommt aus dem Liederbuch aus dem Jahr 1903: Het oude Nederlandsche lied, Florimond der Duyse. Dort wird diese Quelle genannt: E. de Coussemaker: Chants populaires des Flamands de France. 1. Aufl., Gent 1856.

SHOW

Eine kleine Piratenshow aus den Unterrichtselementen passt gut zu einem Fest im Sommer oder einem Faschingsfest unter diesem Motto, vielleicht auch nur innerhalb der Klasse.

Hier ist ein Vorschlag für den Ablauf:
1. „Fass mit an!": Ein Boot (Schlauchboot, verkleideter Sprungkasten) wird herangezogen.
2. Piratengesetze: §§ 1 bis 4 werden mit lauten Trommelschlägen verkündet.
3. Kaperfahrt: Die Piraten haben ihre Waffen und Taue genommen, sitzen um das Boot und singen das Lied.
4. Piratengesetze: §§ 5 bis 8 werden mit lauten Trommelschlägen verkündet.
5. Piratentanz: Alle Piraten spielen, singen und tanzen den „Siebensprung" (evtl. Wiederholung mit Zuschauern).
6. Ergänzungen: weitere Lieder, eigene oder gefundene Piratengeschichten der Schüler

Vorschläge zur Weiterarbeit
- weitere Lieder: „War einst ein kleines Segelschiffchen ..." (aus Frankreich, dt. Text: Wilhelm Scholz), „Ein Mann der sich Kolumbus nannt" (Herkunft unbekannt)

- Hören: Aufnahmen von Shantys; vielleicht können nen Ihre Schüler welche von zu Hause mitbringen. In „Ohrenöffner für Kinder" bietet sich das Thema „Ein Schiff in Seenot" an.[20] Dort gibt es dazu auch weitere Vorschläge.

L 14 Musikinstrumente aus Ölfässern

Der viertaktige Tanz aus Trinidad ist ein einfaches Musizier- und Tanzprojekt. Der Klang der Steeldrum lässt sich gut mit Xylofonen imitieren.

AB 14.1: Musikinstrumente aus Ölfässern
In dem kurzen Einführungstext wird die Entstehung der Steeldrum erklärt. Die Schüler erfahren auch etwas über die Ursprünge afroamerikanischer Musik. Das ist für den weiteren Musikunterricht bedeutend.

Durch Bilder, z. B. Reiseprospekte und Hörbeispiele (ein kurzes Hörbeispiel finden Sie auf der beiliegenden CD: Track Nr. 9), gewinnen die Kinder einen Eindruck von den karibischen Inseln.[21] Es gibt in Deutschland inzwischen immer mehr Steeldrums. Sie können versuchen, bei einem Musikgeschäft oder Schlagzeuger ein Instrument zur Demonstration auszuleihen.

Mit dem Merkspruch, den Noten und dem grafischen Hinweis probieren die Schüler die Steeldrum-Begleitung allein und später gemeinsam aus. Zum Ausprobieren können alle vorhandenen Stabspiele und Schlägel verwendet werden. Der Steeldrum-Klang ähnelt ungefähr denen von Xylofonen, gespielt mit Holz- oder Hartgummischlägeln.

AB 14.2: A let a go – Lied und Tanz

Lied
Das Lied lernen die Schüler schnell, wenn sie zunächst den Text lesen und später abwechselnd im Chor sprechen (mögliche Kriterien für die Aufteilung der Schüler: blonde Haare / dunkle Haare, Türseite/Wandseite, blaue Hose / anderes Unterteil, Mädchen/Jungen o. Ä.). Wenn der Text geläufig ist, kann die einfache Melodie schnell durch

---

[20] Bromm, Michael: Ohrenöffner für Kinder. 10. Aufl., AOL-Verlag: Hamburg 2013, S. 24 („Ein Schiff in Seenot"), CD-Track Nr. 12.

[21] Eine mögliche Quelle: http://www.die-geobine.de/trinidad.htm

Vor- und Nachsingen gelernt werden. Die Slangphrase „A let a go" kann übrigens mit „Bleib locker" übersetzt werden.

Schüler mit Notenkenntnissen können versuchen, die Melodie zu spielen. Neben Stabspielen und Blockflöten kommen dafür auch Keyboards (Soundeinstellung: „trumpet" o. Ä.) infrage.

Den typischen Conga-Rhythmus üben die Kinder mit dem Merkspruch (siehe Arbeitsblatt). Dazu trommeln sie im Knien auf die Sitzfläche ihrer Stühle. Wer den Rhythmus beherrscht, kann zur Begleitung auf einer echten Conga oder jeder anderen tiefen Trommel spielen, auch ein Papierkorb oder eine Plastiktonne eignet sich dafür.

Tanz

Für diesen Tanz ist eine gerade Anzahl von Tänzern erforderlich, zur Einführung z. B. acht Jungen oder Mädchen. Die ersten Tänzer folgen abschnittsweise der Erklärung, die Übrigen geben Tipps. Das Lied wird beim ersten Üben langsam gesprochen. Nach dem zweiten gelungenen Partnerwechsel haben sie es geschafft. Der nächsten Gruppe gelingt es schon schneller.

Tipp

Dieser Tanz kann auch gut im Sportunterricht geübt werden.

L 15 Spielen nach Noten

In den folgenden drei kurzen Stücken lernen die Schüler, auf einfachen Instrumenten nach Noten zu spielen. Die Stücke sind so angelegt, dass sie im Zweifelsfall auch auswendig mitgespielt werden können. Die in diesen Hinweisen zusätzlich aufgeführten Begleitstimmen können zur Differenzierung eingesetzt werden.

Es handelt sich nicht um einen Instrumentallehrgang. Ziel ist das Verständnis des Systems der Tonhöhennotation als alphabetisch nummerierte Reihe mit einer Notenlinie als Bezugspunkt. Den meisten Schülern ist die Logik nicht geläufig. Die Vorstellung „Notenlesen ist schwer" kommt daher, dass Noten häufig für eine Geheimwissenschaft gehalten werden.

Es ist meines Erachtens sinnlos, Noten nur als abstrakte Bezeichnungen zu lernen. Wie beim Lesen von Texten entsteht die Motivation dazu aus der Möglichkeit zu lesen und zu schreiben, sprich: die aufgeschriebene Musik auch zu spielen und vielleicht selbst aufzuschreiben.

Ein besonderes Problem besteht darin, dass bei kaum einem Unterrichtsgegenstand die Lernvoraussetzungen so unterschiedlich sind. Neben Schülern, die davon keine Ahnung und evtl. sogar Versagensangst haben, sitzen andere, die im Instrumentalunterricht schon Stücke vom Blatt spielen können. Für Letztere gibt es folgende Differenzierungsmöglichkeiten:

- Sie spielen die Stücke auf einem anderen Instrument, z. B. auf der Flöte statt auf dem Klavier.
- Sie erarbeiten sich selbst die Begleitstimme auf ihrem Instrument.
- Sie spielen auf der Gitarre die Begleitakkorde. (Die meisten klassischen Gitarrenlehrer unterrichten anfänglich keine Akkorde!)
- Sie werden „Trainer" für ihre Mitschüler. Dabei sollten jedoch möglichst nicht mehr als zwei Kinder pro Trainer eingeteilt sein. Gut ist es, seinen Freund zu trainieren.

Die Noten für die Differenzierung finden Sie unten bei den jeweiligen Beschreibungen zu den Arbeitsblättern. Die grundlegenden Rhythmen werden aus dem Lehrgang *L2 Drums to go – Das Minischlagzeug* vorausgesetzt.

Für den etwa dreiwöchigen Lehrgang sollte sich jeder Schüler ein einfaches Instrument besorgen (oder von der Schule ausgeliehen bekommen). Infrage kommen Blockflöten (Sopran), Stabspiele und Keyboards (oder: E-Piano, Klavier, Melodica). Meistens können Familienmitglieder für diese kurze Zeit ein Instrument ausleihen. Eine Alternative sind einfache Plastikblockflöten. Diese sind für ca. 4,00 Euro, gelegentlich auch günstiger, im Handel erhältlich. Außerdem werden Glockenspiele und kleine Keyboards oft auf Flohmärkten (besonders in Schulen und Kindergärten) angeboten. Es empfiehlt sich, das Vorhaben rechtzeitig auf einem Elternabend vorzustellen. Dabei ergibt sich oft die Hilfe untereinander.

AB 15.1: Mit G geht es los

Dieses Arbeitsblatt erklärt die Systematik der Notenschreibweise im Violinschlüssel. Die alphabetische Anordnung der Töne wird auf dem folgenden Arbeitsblatt erklärt.

Mithilfe der Bilder können die Schüler für ihr gewähltes Instrument den Ton G finden und üben. Stabspiele brauchen kein Bild, da die Notennamen aufgedruckt sind. Schüler, die Instrumentalunterricht haben, können auch auf dem eigenen Instrument mitspielen (siehe oben).

Der Melodierhythmus ist nach dem Projekt *L2 Drums to go – Das Minischlagzeug* geläufig und sollte vor dem Spielen der Töne durch Klatschen wiederholt werden. Eine gute Hilfe ist es, die kurze Melodie mit dem Notennamen oder der Solmisationssilbe „so" zu singen.

Die Schüler brauchen etwas Zeit zum Üben, idealerweise zu Hause als Hausaufgabe oder in kleinen Gruppen, alleine oder zu zweit in verschiedenen Ecken des Schulhofes oder Schulgebäudes. Dabei können die „Trainer" (siehe oben) helfen.

Anschließend kann das Stück gemeinsam mit Gitarren oder Klavierbegleitung gespielt werden. Dazu passt die *Trommelmusik (AB 2.7)*.

Die zweite Stimme ist zur weiteren Begleitung und Differenzierung gedacht. Schüler mit Instrumentalkenntnissen können die Stimme selbstständig erarbeiten. Schüler, denen das Ablesen der Melodie nach Noten schwerfällt, können sie nach den Buchstaben auf einem tiefen Stabspiel mitspielen. Die Gitarrengriffe sind so einfach, dass auch Schüler mit Gitarrenunterricht diese evtl. spielen können.

Vorschläge zur Gestaltung

- Alle spielen gemeinsam einstimmig.
- Alle spielen gemeinsam zweistimmig.
- Wiederholungen in verschiedenen Instrumentengruppen
- „Stoppchorus": Alle spielen nur die erste Taktzeit, die Rhythmusinstrumente und die zweite Stimme spielen weiter.
- Schluss: Alle werden immer leiser (über zwei Wiederholungen), die letzten Töne sind plötzlich laut.

Noten für die Differenzierung: „Mit G geht es los"

Melodie, Gitarrenakkorde und Xylofon mit Tonnamen in der Textzeile   Michael Bromm

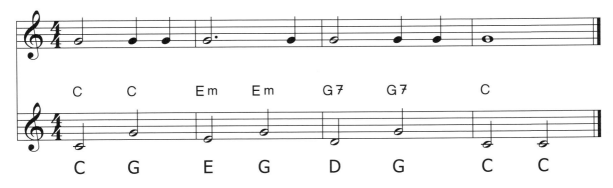

AB 15.2: Kosakentanz

Mit dem Kosakentanz wird die Systematik des Notensystems erweitert. Die Anordnung und Bezeichnung der Töne lässt sich gut auf einem Metallofon oder Klavier zeigen, ebenso die Wiederholung der Tonnamen im Oktavabstand. Im Zusammenklang (Zweiklang) der Tonleitertöne hören die Schüler, dass diese Töne so eng verwandt sind, dass sie den gleichen Namen haben. Für die Erarbeitung der Melodie gilt das Gleiche

wie bei *AB 16.1: Mit G geht es los*. Als Begleitung genügen ein Tamburin und andere Schlaginstrumente, passend zur Melodie. Auch die Instrumente aus *L2 Drums to go – Das Minischlagzeug* eignen sich gut dafür. Die Begleitstimme ist eine eintaktige Viertonmelodie (mit Ausnahme des letzten Taktes). Der einfache A-Moll-Akkord ist für Gitarrenanfänger leicht zu spielen. Das Stück wird mehrmals wiederholt, auch mit wechselnden Instrumenten.

Hinweise zum Tanz

Für den Tanz werden Kreise aus mindestens fünf Jungen oder Mädchen gebildet. Mit oder ohne Schulterfassung (Arme über die Schulter des Nachbarn) werden im Rhythmus die Füße abwechselnd zur Kreismitte gestreckt und zum „Ha!" laut aufgestampft.

Als Variation werden abwechselnd und etwas seitwärts die linken und rechten Füße nach hinten geworfen. Dann gehen alle in die Hocke und kommen wieder hoch. Ihre Schüler haben sicher noch eigene Ideen.

Noten für die Differenzierung: „Kosakentanz"

Melodie, Gitarrenakkorde und Xylofon mit Tonnamen in der Textzeile
Michael Bromm

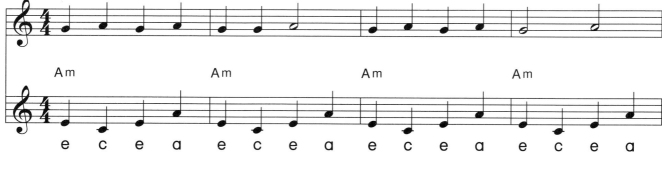

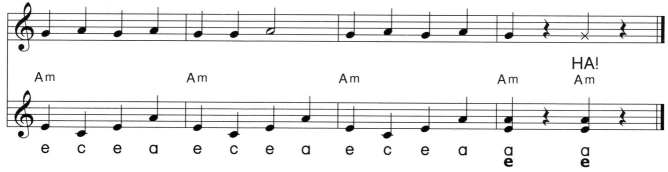

AB 15.3: Stopp Sir!

„Stopp Sir!" ist das letzte der Stücke mit wenigen Tönen zum Zusammenspiel in der Klasse, mit dem in die Systematik der Notenschrift eingeführt wird.

Um bei der Blockflöte nur die obere Hand zu verwenden, folgt der Ton H. Die Besonderheit im deutschen Sprachraum, H statt B, stellt eine kleine Schwierigkeit dar. Sie kann nicht vernachlässigt werden, weil viele Kinder aus dem Instrumentalunterricht schon damit vertraut sind. Außerdem tritt dieses Problem durch die Mischung von deutscher und amerikanischer Liedliteratur auch im Alltag auf. Beispiele von Standardschriftarten ver-

deutlichen den Schülern die mögliche Ursache dieser Vertauschung.[22]

Der kleine achttaktige Blues sollte anfänglich sehr langsam gespielt werden. Als Vorbereitung kann die Melodie mit „dubi dubi dab dab – Stopp 2, 3, 4" gesungen werden. Wie zuvor werden die meisten Schüler die einfache Melodie mit vielen Wiederholungen bald geläufig auswendig spielen.

Zur Differenzierung gibt es die einfache Klavierbegleitung für Kinder, die Klavierunterricht bekommen (siehe unten). Die (Bass-)Begleitung lässt sich aber auch auf Xylofonen und allen anderen Instrumenten spielen.

---

[22] Musikdidaktisch vereinfacht ist diese Darstellung zutreffend. Musikhistorisch verlief der Vertauschungsprozess im Verlauf der Entwicklung der Notenschrift seit der Gregorianik komplexer. Vgl. Michels, Ulrich: dtv-Atlas Musik. Band 1, 15. Aufl., München 1994, S. 188.

Als Rhythmusbegleitung passen *Trommelmusik (AB 2.7)* aus *Drums to go – Das Minischlagzeug (L 2)* oder der Poprhythmus aus *L3 Trommelkurs, AB 3.10: Lektion 6 – Spielen auf dem Drumset.*

Vorschläge zur Gestaltung
- Spielen in verschiedenen Instrumentengruppen (allein und kombiniert)
- ein Durchgang nur die Begleitstimme
- kleine Zweitonimprovisationen auf den Taktteil nach „Stopp"

SHOW

Diese Musik kann in unterschiedlichen Tempi und mit entsprechenden Begleitinstrumenten als Verfolgungsmusik gespielt werden, z. B. zu Geschichten wie Erich Kästners „Emil und die Detektive" oder eigenen Texten der Schüler. Mit gemalten oder kopierten Bildern dazu als Projektion wird das besonders spannend.

Noten für die Differenzierung (1): „Stopp Sir!"

Klavier oder Keyboard   Michael Bromm

Noten für die Differenzierung (2): „Stopp Sir!"

Gitarrenakkorde und Xylofon mit Tonnamen in der Textzeile   Michael Bromm

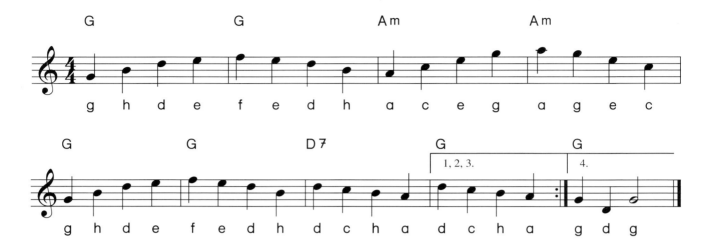

L 16 Musik und Tanzen wie in Nordamerika zur Pionierzeit

In diesem Unterrichtsprojekt gewinnen die Schüler erste Erkenntnisse über den sozialhistorischen Hintergrund der frühen amerikanischen Musik der europäischen Migranten. Das ist eine wichtige Erkenntnis für das Verständnis der Geschichte der populären Musik. Verschiedene Entwicklungsstränge werden hier didaktisch reduziert und in einem Projekt zusammengefasst. Der Umgang mit den typischen Instrumenten aus Alltagsgegenständen der amerikanischen Volksmusik des 19. und frühen 20. Jahrhunderts motiviert durch die starke Handlungsorientierung. Eine fächerübergreifende Verbindung ergibt sich insbesondere zum Fach Englisch sowie evtl. zu den Sachunterrichtsthemen „Leben früher" oder „Indianer".

**AB 16.1: Auf einem Erntefest vor über
                  100 Jahren (1)**
**AB 16.2: Auf einem Erntefest vor über
                  100 Jahren (2)**
Der rote Faden ist die Erzählung von Agnes Smedley (1892 – 1950). Sie erlangte Berühmtheit als politische Aktivistin, Journalistin und Kennerin der chinesischen Revolution. In ihrer Biografie[23] beschreibt sie sehr anschaulich das Arbeiten und Feiern der Kleinbauern in Nordamerika um die

vorletzte Jahrhundertwende aus ihrer Kindheit. Im Original zitiert sie das Lied „Turkey in the Straw", das jedoch sprachlich und musikalisch zu komplex ist.

Aus der Erzählung werden das Lied „Skip to my Lou", das Begleitinstrumentarium und der Tanz entwickelt.

AB 16.3: Skip to my Lou
**AB 16.4: Skip to my Lou – Musik machen
                  wie früher**
Zum Tanzspiellied „Skip to my Lou" gibt es Verse, die zum speziellen Spiel passen[24], und Spaßverse, die hier gesungen werden. Getanzt werden die Tanzanweisungen, die zur Melodie gesungen werden können. Der Text ist einfach und kann von Schülern im zweiten Unterrichtsjahr in Englisch gut verstanden und gesungen werden.

Die Begleitung zum Stück mit den traditionellen Instrumenten aus Alltagsgegenständen können die Schüler mit dem Arbeitsblatt selbst erarbeiten, indem z. B. für jedes Instrument eine Kleingruppe gebildet, die Beschaffung und Herstellung der Instrumente selbstständig durchgeführt und auch die Spieltechnik erarbeitet wird.

---

[23] Agnes Smedley: Eine Frau allein. Original: „Daughter of Earth", Karl Dietz: Berlin 1959.
[24] Mehr finden Sie u. a. bei Wikipedia unter „Skip to my Lou".

In der Auswahl fehlt ein Kamm mit Butterbrotpapier bzw. ein „Kazoo". Das kennen viele Kinder und kann eine gute Ergänzung sein. Man singt die Melodie mit kräftigen Silben („du") und hört einen saxofonähnlichen Klang. Ebenso fehlt das Instrument „Jug" (Whiskykrug). Die Beschaffung und Spielweise sind leider zu schwierig.

Nach der Erarbeitungsphase in den Gruppen übt die Rhythmusgruppe gemeinsam, jeweils ein Spieler pro Instrument, sonst wird es zu laut. Die anderen singen das Lied.

Hinweise zum Instrumentarium

Anschauungsmodelle oder Bilder geben den Schülern eine bessere Vorstellung von den Instrumenten.

Das Instrument „Spoons" kommt nicht nur in der amerikanischen Volksmusik vor. Es gibt ebenfalls Beispiele dafür in der Renaissance und der europäischen Volksmusik. Nach der klassischen Spielweise wird der obere Löffel mit dem Zeigefinger an der Daumenwurzel festgehalten. Der untere wird zwischen Zeige- und Mittelfinger locker eingeklemmt und mit der anderen Hand abgestützt. Dabei bewegt man die Löffel so, dass sie mehr oder weniger geschlossen aufeinanderliegen und spielt so verschiedene Klänge. Die Verbindung von zwei Löffeln mit einem Korken entspricht den im speziellen Musikalienhandel erhältlichen Doppellöffeln. Diese sind ein sehr einfach zu spielendes Instrument.

Das Waschbrett war in den 1960er Jahren als namensgebendes Instrument in Skiffle-Bands populär. Es ist immer noch in Gebrauch und ein guter Schlagzeugersatz. Noch sind diese Instrumente auf Flohmärkten und beim Trödler günstig zu finden. Riffelbleche oder Alukoffer mit geriffelter Oberfläche dienen als guter Ersatz. Die Fingerhüte in verschiedenen Größen gibt es im Kurzwarenhandel oder Handarbeitsladen. Zur Befestigung hilft etwas medizinisches Klebeband. Sehr praktisch sind Handschuhe mit daran befestigten Fingerhüten. Fingerhüte aus Plastik sind aber völlig unbrauchbar für das Waschbrettspielen.

Der Teekistenbass kann aus der klassischen Teekiste, einer großen Blech- oder Plastikwanne oder einem alten Koffer gebaut werden. Jeder einigermaßen gerade Stiel ist geeignet, auch ein dicker Ast. Wenn es erforderlich ist, sollte sich ein Mitspieler auf die eine Seite setzen, um ein Gegengewicht zum Saitenzug zu bilden.

Der Extratipp auf *AB 16.4: Skip to my Lou – Musik machen wie früher* für Gitarre und Geige zur Differenzierung eignet sich nur für Schüler mit sicheren Grundkenntnissen. Diese sollen Gelegenheit bekommen, während der Gruppenphase für sich zu üben und auch ihren Teil im Instrumentalunterricht vorzubereiten. Die Gitarrenakkorde D und A sind oft die ersten, die im Gitarrenunterricht gelernt werden. Schon einzelne Takte der Geige auf der offenen A-Saite während des Refrains erzeugen einen tollen Countrysound, z. B. im Rhythmus des Textteils „Hey ho, skip to my Lou".

Verbreitete Lieder, die auf Countrysongs zurückgehen, sind „Hab' ne Tante in Marokko" (Herkunft unbekannt, Original: „She'll be coming round the mountains") oder „Ein Hase saß im tiefen Tal" (Herkunft unbekannt, Original: „Polly Wolly Doodle") sowie Fredrik Vahles Lied „Cowboy Jim aus Texas".

Das Unterrichtsprojekt kann mit dem Singen und Spielen des Liedes beendet werden. Als eine sehr gute Fortführung bietet es sich an, einen Country-dance zu lernen. Inzwischen gibt es in Deutschland immer mehr Gruppen, die „Linedance" machen. Viele davon kommen gerne zu einem Besuch in den Unterricht.

AB 16.5: Skip to my Lou – Tanzen wie die Cowboys

Tänze mit Paaren aus Frau und Mann sind eine sehr späte Entwicklung. Zunächst wurde in Gruppen ohne Rücksicht auf die Geschlechterverteilung getanzt. Auch in Gesellschaften, die (fast) nur aus Männern (Cowboys, Bahnarbeitern, Seeleuten) bestanden, war das üblich. Der hier vorgeschlagene Tanz kann ebenso durchgeführt werden. Paarfassung und Händchenhalten sind zwar möglich, aber nicht nötig. In einer Grundschulklasse, die das nicht gerne von selbst möchte,

muss das unterbleiben. Auch Gehen und Tanzen durch die Reihe geht ohne Anfassen. Die Schüler bilden für den Tanz eine Gasse aus zwei gleich großen Gruppen. Dann folgen sie den Vorschlägen auf dem Arbeitsblatt.

Vergessen Sie nicht auf kleine Tanzschritte („... nicht länger als dein Fuß!") hinzuweisen.

Beginnen Sie mit der aufgestellten Gasse und den Anweisungen „Begrüße ...", „Durch die ...", „Wechsle ..." erst als Trockenübung, dann zusammen mit dem Lied. Die Durchführung beginnt nach dem Kommando am nächsten Zeilenanfang. Dazwischen erfolgen die Bewegungen und das Klatschen am Platz. Für die längeren Figuren werden mehrere Verse des Liedes gesungen. Führen Sie dann die weiteren Figuren allmählich ein. Sie können den Tanz durch weitere Anweisungen beleben, z.B. „Do it again", „Clap your hands" oder „Stomp your feet".

Entweder begleitet eine wechselnde Band aus drei bis fünf Schülern die Tanzübungen oder alle machen mit und erst am Schluss wird die Aufteilung besprochen.

L 17 Malen mit Klängen (Soundpainting)

„Soundpainting ist eine Kompositions- und Dirigiersprache für Musiker, Tänzer, Schauspieler und visuelle Künstler, die von dem Amerikaner Walter Thompson seit über zwanzig Jahren entwickelt wird. Die Sprache umfasst mittlerweile über 800 Gesten, mit denen multidisziplinäre Ensembles dirigiert werden können. Soundpainting ist eine Form von Echtzeitkomposition [...]. Der Dirigent bzw. „Soundpainter" gibt mit bestimmten Gesten Parameter und Spielanweisungen vor [...] und kann [...] die Komposition, die im Moment entsteht, strukturieren und kreieren."[25]

Zum Verständnis hilft es, in einige der vielen Filme bei YouTube mit dem Stichwort „Soundpainting" hineinzuschauen.

In pädagogisch reduzierter Form eignet sich diese Art des Zusammenspiels für das gemeinsame Musizieren mit Schülern. Da es nicht auf „richti-

ges" Spielen, sondern auf den kreativen Umgang mit den Instrumenten ankommt, können sich alle Schüler mit allen Instrumenten beteiligen. Besonders die Eigenbauten und Instrumente aus Alltagsgegenständen können hier zum Einsatz kommen.

Die Grundidee ist, die Instrumentalgruppe wie einen Farbkasten zu benutzen. Aus dieser Vorstellung können die Gesten und Zeichen für eine Klangmalerei gemeinsam entwickelt werden. Wie ein Maler Farbe, Pinsel und Papier verwendet, so benutzt der Soundpainter Instrumente verschiedener Klangfarben, lässt sie verschiedene Formen spielen, gestaltet deren Lautstärke und Höhe und gibt ihnen Raum bzw. Zeit.

Walter Thompson hat dazu ein sehr vielfältiges und komplexes System aus Gesten und Zeichen erarbeitet, das für den Gebrauch in der (Grund-)

---

[25] Deutscher Musikrat, Kursausschreibung von Vogel, Sabine: Soundpainting-Workshop. Mai 2013. Verfügbar unter: http://www.miz.org/kurs_27890.html

Schule kaum geeignet ist. Die folgenden Vorschläge entsprechen nicht diesen Regeln, sondern greifen die Grundidee so auf, dass schnell spannende Klangmalereien im Unterricht entstehen können. Dabei ist wichtig, dass die Schüler selbst Klangmaler sind und die Zeichen gemeinsam entwickeln. Die Vorschläge sind deshalb als Anregung zu verstehen.

Nach Thompson geben die Gesten das „Who, What, How and When", also das „Wer, Was, Wie und Wann" des Klangereignisses an. Daraus ergeben sich für den Musikunterricht in (Grund-) Schulklassen diese Vorschläge. Weitere Differenzierungen sind frei vereinbar.

- **Wer-Zeichen** geben an, welche Klanggruppen oder Teile des Ensembles spielen.

Blasinstrumente	Finger zeigt auf gespitzte Lippen
Saiteninstrumente	gestreckte Finger
Metallklinger	Kreis aus Daumen und Zeigefinger
Holzklinger	Faust
alle	ein großer Kreis über dem Kopf (nach Thompson)
einige (d.h. eine kleine Gruppe)	mit gespreizten Fingern andeuten
ein bis vier Spieler	mit Fingern zeigen
...	

- **Was-Zeichen** geben an, wie die Musik verläuft.

ein langer Ton	eine gerade Linie mit der Hand zeichnen
bewegte Melodie	entsprechende Linie andeuten
kurze Töne	mit den Fingerspitzen Punkte andeuten
Hintergrund	mit der flachen Hand wischen, die Wischbewegung definiert die Art des Hintergrundes
...	

- **Wie-Zeichen** geben Lautstärke und Tonhöhe an.
  Das geschieht am besten intuitiv durch kleine oder große Gesten für die Lautstärke. Die Tonhöhe wird durch das Anzeigen im Raum zwischen Hüfte und Haarspitzen definiert. Dazu wird eine Hand benutzt. Die andere wird für die Wer-, Was- und Wann-Zeichen gebraucht.

- **Wann-Zeichen** geben Beginn und Ende der Musik an.
  Die gekreuzten Arme vor der Brust bedeuten „Stille" vor, während und am Ende des Stückes, ein Einsatzzeichen mit der Hand, den gemeinsamen Beginn entsprechend der Zeichen. Die Musiker spielen weiter, bis sie ein neues Zeichen erhalten.

Es erscheint zunächst sehr kompliziert. Den Kindern fällt es jedoch leicht, sich als Klangmaler zu versuchen. Ich habe die Erfahrung gemacht, dass sie im Umgang mit den Zeichen sehr kreativ sind und auch schnell verstehen, was der Klangmaler will. Im Zweifelsfall sind selbst gefundene Zeichen immer den vorgegebenen vorzuziehen. Die entstehende Musik ist dabei auschlaggebend, nicht die strenge Einhaltung vereinbarter Zeichen.

Klangmalerei mit Klassen oder Schülergruppen gelingt gut in der Improvisationssituation eines Ensembles, das nach Klanggruppen geordnet ist. Im Gespräch können so die Klangmalzeichen verabredet und ausprobiert werden. Bei entsprechender Unterrichtssituation können die Klangzeichen unterbleiben.

Es hilft, einen „Toningenieur" zu benennen, der beobachtet und der Gruppe Hinweise gibt, was gelungen war oder noch verbessert werden muss. Das können auch mehrere Schüler sein. „Toningenieure" können dann als Erste selbst Klangmaler werden. Die Arbeitsblätter können dann entfallen.

Die Arbeitsblätter dienen als Unterstützung, um die Einteilung zu strukturieren und festzuhalten. Es ist günstig, wenn die Schüler in Kleingruppen arbeiten und die Möglichkeit haben, ihre Überlegungen auszuprobieren.

AB 17.1: Mit Klängen malen
Das Arbeitsblatt weckt das Verständnis für diese Art des Musizierens. Die Einteilung der Instrumente in Gruppen und Tonhöhen bereitet die Klangmalerei vor. Zur Gruppe „andere" gehören u.a. die Fellklinger, Kunststoffgefäße und Schüttelinstrumente. Möglicherweise ist es sinnvoll, die vorgegebenen Instrumentenbeschreibungen zu

ändern. Die W-Fragen bereiten auf die Planung des Soundpaintings vor.

AB 17.2: Zeichen für die Klangmaler
Dieses Arbeitsblatt führt zu den benötigten Zeichen. Alle sollten möglichst sofort in der Gruppe ausprobiert werden.

Zum Abschluss der Gruppenarbeit werden die Ergebnisse mit einer Klangmalerei vorgestellt. „Toningenieure" (siehe oben) aus den anderen Gruppen unterstützen die Auswertung. Dann kann die große Klangmalerei beginnen.

L 18 Nachts im Wald — Gruselmusik und Gespensterkanon

AB 18.1: Nachts im Wald: Gespensterkanon
Der Kanon „Finster, finster" bietet viele Möglichkeiten, mit selbst gebauten sowie traditionellen Musikinstrumenten Klanggestaltungen zu erarbeiten. Ich schlage vor, zunächst das Lied einstimmig zu lernen und dann die „Gruselmusik" als Begleitung zu erarbeiten. Alternativ könnte auch das Spiel „Nachts im Wald" der Einstieg sein und später das Lied hinzukommen.

Das Lied lässt sich im halbtaktigen Wechsel mit Em und Hm(7) begleiten (Alternative Dm und Am7). Reizvoll ist es, allein mit dem E-Moll-Gitarrengriff auf den drei tiefen Saiten nur die Töne E, H und e anzuschlagen. E und H können auch Begleittöne auf anderen Instrumenten sein, z.B. auf dem Bassxylofon.

Der Kanon kann bis zu acht Stimmen haben, aber schon zweistimmig klingt er schön. Dann bei 1. und 5. einsetzen, weitere Einsätze sind 3. und/ oder 7.

AB 18.2: Nachts im Wald: Gruselmusik
Folgen Sie den Vorschlägen auf dem Arbeitsblatt. Rahmentrommeln (Tamburins) klingen mit jeder Art rollender Kugel sehr unheimlich. Das können einfache lose Köpfe von Holzschlägeln sein. Auch in Blecheimern, Tonnen, auf liegenden Bassdrums und in Waschwannen kann Gruselmusik entstehen. Viele selbst gebaute Instrumente aus Instrumentenwerkstätten eignen sich sehr für die Klanggestaltung.

Aus dem Latin-Percussion-Instrumentarium sind einzelne laute Ratscher des Guiro und das Schnarren des Vibraslap sehr wirkungsvoll. Der Fantasie sind dabei keine Grenzen gesetzt.

Eine einfache Flötenmelodie kann die Entspannung am Schluss einleiten, z.B. die ersten vier Takte von „Bruder Jacob" sehr langsam gespielt mit einer Glockenspielbegleitung aus den Grundtönen der Akkorde.

Entspannungsmelodie („Bruder Jakob")

Blockflöte und Glockenspiel

mündlich überliefert

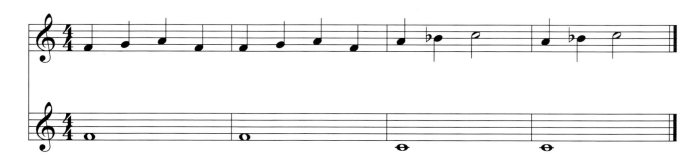

Als Einstimmung können Sie mit den Schülern z.B. Modest Mussorgskis „Eine Nacht auf dem Kahlen Berge" oder Edvard Griegs „Småtrold" hören.

Tipp

Eine spannende Variation ist es, die ganze Gruselmusik nur mit Papierklingern zu gestalten. Wie kann Papier klingen? Hier sind einige Beispiele:

- Zerreißen auf verschiedene Art und von verschiedenen Papieren
- Zerknüllen von verschiedenen Papier (auch Einkaufstauschen und Papiersäcke)
- Papierbögen allein oder zu zweit schnell flatternd bewegen
- auf Papierblättchen blasen (*AB 101: Wie Blätter Töne machen*), Knalltüten falten (zu finden unter: www.zzzebra.de, Stichwort: „Knalltüte")

L 19 Die Weihnachtspyramide

AB 19.1: Grünet Felder, grünet Wiesen (Text und Bilder)

AB 19.2: Grünet Felder, grünet Wiesen (Text und Noten)

Das alte Hirtenlied „Grünet Felder, grünet Wiesen" aus Österreich ist ein fröhliches Lied, das leicht zu lernen, aber nicht so „abgesungen" ist wie viele Weihnachtsklassiker. Mit wenig Aufwand lässt sich daraus ein kleines Spiel entwickeln, das sich auch für die Aufführung bei einer Weihnachtsfeier eignet.

Die Melodie mit dem Schema A-A-B-A lässt sich leicht durch Nachsingen erlernen. Es bietet sich an, zunächst den A-Teil nur auf der Silbe „la" oder durch Summen nachzusingen und dann den B-Teil entweder durch Vorsingen der Lehrkraft oder mithilfe der CD (Track Nr. 15).

Wenn die Melodie den Kindern vertraut ist, kann der Text vom *AB 19.1: Grünet Felder, grünet Wiesen (Text und Bilder)* gelesen, besprochen und nachgesungen werden. Hinweise für die altmodischen Begriffe befinden sich unter dem Text. Zur Vorbereitung des Vor- und Zwischenspiels wird die Dudelsackmelodie gesungen.

AB 19.3: Die Weihnachtspyramide – Ein Krippenspiel

Als Einstieg eignet sich das Bild von den Hirten in der Weihnachtspyramide oder jedes andere Weihnachtsbild, auf dem die Hirten besonders herausgestellt sind.

Mit diesem Arbeitsblatt wird die Aufführung des Krippenspiels vorbereitet. Für die Besetzung der Pyramide wie dort vorgeschlagen brauchen Sie mindestens elf Schüler. Es können auch mehr Hirten und Kerzenhalter mitspielen. Wenn noch mehr Kinder spielen sollen, können zusätzlich Engel und der Weihnachtsstern mitspielen. Optional kann dann dieser Vers an zweiter Stelle eingefügt werden.

„Fürchtet euch nicht!", spricht der Engel. „Im Stall findet ihr Gottes Kind."
(Der) Chor der Engel singt für alle: „Es bringt Frieden für die Welt."
Alle Schafe, Hirten, Hunde steh'n im Licht des Weihnachtssterns.
Großes Staunen, helle Freude. Jetzt wollen wir zum Stalle geh'n.

Es ist gut möglich, die Klasse in eine Darsteller- und eine Musikergruppe aufzuteilen. Auch diese könnten sich als Engel oder Hirten verkleiden.

Tipp

Schöne, große Kerzen können nachgebaut werden, wenn in eine Papprolle, am oberen Ende mit Alufolie geschützt, ein Teelicht eingesetzt wird.

AB 19.4: Die Weihnachtspyramide – Dudelsackmusik zum Spiel

Die einfachste Form einer Umsetzung der Dudelsackmusik gelingt mit Blockflöten. Dafür müssen nur die ersten vier Löcher abgedeckt und zwei Finger bewegt werden. Das gelingt schon nach wenigen Stunden Anfangsunterricht. Viele Kinder schaffen es sogar ohne Blockflötenunterricht.

Für Begleittöne eignen sich besonders die tiefen Einzelklangstäbe des Orff-Instrumentariums. Genauso ist es möglich, auf Metallofonen oder Xylofonen alle Stäbe außer G und D zu entfernen. Diese Töne werden gleichzeitig mit zwei weichen Schlägeln angeschlagen.

Weitere Instrumente können je nach Vorhandensein eingesetzt werden, z. B.:

- tiefere Flöten (Alt-, Tenor-, Querflöte)
- Streichinstrumente oder Gitarren können auf zwei leeren Saiten (G und D sind auf allen vorhanden) die Begleittöne spielen.
- Auf einem Keyboard klingen alle Töne gut mit einem Oboen- oder Klarinettensound. Hier können sich auch zwei Schüler die Stimmen auf einem Instrument teilen. Dann gelingt es ihnen auch ohne Vorkenntnisse, die Dudelsackmusik mit etwas Üben zu spielen.

Fortgeschrittenen Schülern bereitet das Mitspielen der Melodie keine Schwierigkeiten.

L 20 Nisse und der Weihnachtsbrei – Eine Tradition aus Dänemark

Die Geschichte von Nisse und ihre Einbindung in die dänische Weihnachtstradition ist eine gute Bereicherung zu den verbreiteten alten und neuen Weihnachtsliedern. Es ist dafür keine aufwendige Vorbereitung erforderlich und der lebhafte Tanz kann immer mal wieder zur bewegten Auflockerung eingesetzt werden – gerade, wenn wegen des Wetters eine Hofpause nicht möglich ist.

AB 20.1: Weihnachten mit Nisse

Mit der Geschichte auf dem Arbeitsblatt wird in die Tradition eingeführt. Als Erweiterung bietet sich das Bilderbuch „Tomte Tummetott" von Astrid Lindgren und Harald Wiberg an. Es gibt davon auch ein Hörspiel und eine DVD.

Das abgedruckte Rezept ist nicht zum Kochen in der Schule gedacht, sondern als Idee für zu Hause bzw. zum Mitbringen bei einer Weihnachtsfeier. In der Klasse würde ich fertigen Milchreis (nur in heiße Milch rühren) zubereiten und mit etwas Honig, Vanillezucker und Mandeln aufpeppen.

AB 20.2: Nisse und der Weihnachtsbrei

Tanzbeschreibung
Für den Tanz gibt es verschiedene Möglichkeiten. Diese hier ist besonders einfach.

Die Schritte beim Tanzen um den Baum sind Mäuseschritte! Darauf müssen alle besonders achten. Jetzt geht es los:

- Alle stehen im großen Kreis um den Tannenbaum. Üblich ist dabei, sich an den Händen zu fassen. Das kann unterbleiben, wenn es dabei „Gezicke" gibt.
- Vers: Im Melodierhythmus zur Kreismitte bis zum Baum gehen (erste Texthälfte) und zurück (zweite Texthälfte).
- Refrain: Seitgalopp oder Hüpfer auf der Kreisbahn nach links, bei „rundherum" drei Stampfer am Platz und bei der Wiederholung das Ganze nach rechts.

Gleiches gilt für die Verse 2 und 3. Eine Variante ist, dass nur die Hälfte (abzählen, Jungen/Mädchen, blonde/dunkle Haare) zur Kreismitte geht.

Spielversion im dänischen Kindergarten
Ein Kind sitzt in der Mitte als Nisse. Die anderen Kinder sind die Ratten (besser: Mäuschen) und gehen im Kreis um das Kind herum (Vers).

Während des Refrains hebt Nisse seine Hand, als ob er mit dem großen Löffel droht. Die Mäuschen hüpfen im Kreis. Nisse berührt eins, das Kind ist im nächsten Vers der Nisse.

SHOW

Bei einer Klassenweihnachtsfeier kann Nisse einen schönen Mittelpunkt bilden.
Ein Tannenbaum wird ungeschmückt oder nur mit Kerzen in der Raummitte aufgestellt. Die Tische und Stühle stehen weiter außen.
- Die Geschichte von Nisse wird erzählt (*AB 20.2: Nisse und der Weihnachtsbrei*).
- Zu einem Lied (z. B. „Oh, Tannenbaum") hängen die Kinder nacheinander selbst gebastelten Weihnachtsschmuck in den Baum und stellen sich im Kreis um ihn herum.
- Die Kinder tanzen zu dem Lied.
- Die Kinder holen die Eltern dazu und alle tanzen gemeinsam. Wenn der Platz nicht reicht, lieber in mehreren Gruppen tanzen.
- Hinterher gibt es Julegrød für alle; vielleicht mit einem oder mehreren Mandelgeschenken.

Evtl. gibt es in der Klasse Kinder mit dänischen Familienmitgliedern, die gerne bei der Vorbereitung helfen.

Nisse und der Weihnachtsbrei

Track. Nr. 16

mündlich überliefert aus Dänemark
Übersetzung und Bearbeitung: Michael Bromm

Baue dir ein Stabspiel

Du brauchst:

- ☐ eine feste kleine (Obst- oder Gemüse-)Kiste, z. B. von Tomaten, Kiwis oder Mandarinen
- ☐ vier Gummibänder (Weckgummis, Aktengummis oder zu Ringen verknotete Wäschegummis)
- ☐ längliche Gegenstände aus Holz oder Metall
- ☐ einen Blechteelöffel (nicht aus Kunststoff!)

So geht's:

1. Spanne die vier Gummibänder um die Kiste, immer zwei zusammen.

2. Flechte die Stäbe aus Holz oder Metall zwischen die Gummibänder.

3. Zum Anschlagen brauchst du einen Blechteelöffel. Benutze ihn so, als ob du ein Ei aufschlägst.

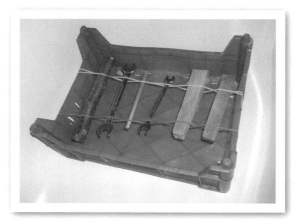

Probiere dein Stabspiel aus

1. Mein Stabspiel ist ein

☐ Metallklinger   ☐ Holzklinger

☐ Mischklinger   ☐ _____ (eigener Name)

2. Diese Klangstäbe habe ich eingebaut:

_____

_____

3. Ordne die Klangstäbe nach der Tonhöhe:

- Beginne mit zwei Stäben und baue den tieferen Ton links ein.
- Nimm dann den nächsten Ton und ordne ihn höher (rechts) oder tiefer (links) ein.
- Ordne alle deine Töne ein.

3. Denke dir eine Melodie für dein Stabspiel aus.

Schreibe sie so auf:

● kurzer Ton   ○ langer Ton   ● hoher   ● mittlerer   ● tiefer Ton

Die Maschinenhalle

1. Baue dein Stabspiel zu einer Klangmaschine um.

Ordne die Klangstäbe so nacheinander an, dass sie wie eine raffinierte Maschine klingen.

Manche Stäbe kannst du mehrmals anschlagen.

Die Maschine kann schnell oder langsam laufen. Beim Ein- und Ausschalten fängt sie gleich an oder beginnt und endet allmählich.

2. So spielt ihr damit die Musik MASCHINENHALLE.

Einer ist der Mechaniker. Er bestimmt, welche Maschinen laufen.

eine Maschine einschalten oder ausschalten:	⟹	*den Spieler antippen*
alle Maschinen gleichzeitig ein- oder ausschalten:	⟹	*über dem Kopf in die Hände klatschen*
alle Maschinen werden leise:	⟹	*die Hände wie ein Hörschutz über die Ohren halten*

So kann jeder einmal eine Maschinenhallenmusik gestalten.

3. Ratespiel

Alle Maschinen werden eingeschaltet. Eine Maschine geht kaputt (spielt falsch). Der Mechaniker muss diese Maschine sofort abschalten!

SHOW

Ihr könnt die Maschinenhallenmusik als Konzert vorspielen!
- Überlegt euch eine gemeinsame „Arbeitskleidung" für das Konzert, z. B.: Alle sind weiß oder schwarz angezogen oder tragen einen Kittel aus einem Müllsack.
- Stellt euch mit euren Klangmaschinen auf einer Bühne verteilt auf.
- Es ist ganz dunkel. Alle sind starr. Ein Scheinwerfer geht an.
- Der Mechaniker kommt. Er könnte wie ein Roboter verkleidet sein und sich so bewegen.
- Die Maschinenmusik beginnt.
- Ein Kind kommt mit einer Ölkanne. Die geölten Maschinen laufen schneller.
- Lasst euch weitere Szenen einfallen …
- Zum Schluss ist es wieder ganz dunkel. Wenn das Licht wieder angeht, stehen alle Spieler am Bühnenrand und verbeugen sich.

© AOL-Verlag

Im Holzland – Eine Klanggeschichte erzählen

1. Lest gemeinsam die Geschichte „Im Holzland".

2. Findet einen guten Rhythmus und eine Begleitung zum Wahlspruch der Holzländer „Holz macht stolz" usw. Gestaltet diesen Wahlspruch wie einen Sprechgesang.

3. Überlegt zu jedem Absatz, welche Klänge dazu passen.

4. Lest die Geschichte spannend vor und spielt dazu auf Holz- und Metallklingern.

SHOW

Ihr könnt die Geschichte „Im Holzland" als Konzert vorspielen!

Überlegt euch für eine Aufführung, welche Personen, Kostüme und Requisiten gebraucht werden. Hier sind ein paar Ideen:
- Schlosssaal: ein großer Stuhl als Thron
- Küche: Tisch mit Schüsseln und Töpfen
- Park: Plastikbäume (Tannenbäume) oder Kübelpflanzen
- Schmiede: Hocker oder kleiner Tisch mit Schraubstock (Der Schmied hat einen großen Hammer.)

Dekoriert eine Bühne mit einem passenden Vorhang. Dafür genügt eine Stoffbahn oder die bemalte Rückseite einer alten Landkarte, die sich auf- und abrollen lässt.

Eine Gruppe kann verschiedene Szenen als „lebende Bilder" darstellen. Zu jedem Absatz stellen sich die Personen wie für ein Foto hinter einem Vorhang auf.
An der passenden Stelle öffnet sich der Vorhang.

Bei der Schlussszene beginnen alle Figuren zu tanzen: zuerst miteinander, dann auch mit dem Publikum.

Mit der Bühnendekoration und den Requisiten könnt ihr aus der Geschichte auch ein Theaterstück machen.

AB 1.5

Im Holzland

Im Holzland ist alles aus Holz. Es darf nichts anderes geben. Stell dir vor: Löffel, Gabeln, Messer, Teller, Schüsseln, Kannen, Becher – alles ist aus Holz.

Die Häuser, die Möbel, die Spielsachen, das Werkzeug – alles ist aus Holz.

Die angesehensten Berufe sind Tischler, Zimmermann, Drechsler und Holzschnitzer. Sie stellen alles her, was die Holzländler brauchen. Selbst Ketten werden aus hartem Holz geschnitzt und die Fenster haben statt Glasscheiben dünne Holzplatten mit feinem Muster.

Aber die Kleider? Die sind aus BAUMwolle. Das wird zum Holz gezählt. Schon die kleinsten Kinder lernen den Wahlspruch: Holz macht stolz!

Die Königsfamilie

Im Holzland herrscht ein König. Er sitzt auf seinem hölzernen Thron, das Holzzepter in der Hand und trägt stolz eine Krone aus Holz. Er hat eine Königin und zusammen haben sie einen Sohn. Die beiden haben selbstverständlich auch Kronen aus Holz.

Die kleine Krone des Prinzen fällt beim Spielen manchmal runter und zerbricht. Das ist ärgerlich! Wie praktisch wäre eine Krone aus Blech. Aber das kommt nicht in Frage.

Holz macht stolz!
Blech ist schlecht!
Ja, so dachten die Holzländler.
Blech ist schlecht!

Glas macht blass!
Gummi für Dummi!
Nur Holz macht stolz.

Der König achtete darauf, dass nicht „Unhölzernes" seinem Land Schande bereitete. Oft saß er auf dem Holzthron vor dem Fenster und lauschte dem Klang auf den Holzwegen, wenn die großen und kleinen, alten und jungen Holzländler in Holzschuhen am Schloss vorbeiklapperten.

Prinz Lignus

Der junge Prinz, der übrigens Lignus hieß, war nicht immer seiner Meinung. So war es zum Beispiel, als seine Krone mal wieder geleimt werden musste und der alte Hoftischler ihn mit einem finsteren Blick bedachte, wenn er sie mit spitzen Fingern zurückgab. Er dachte auch: Holz macht stolz! Doch es machte nicht immer Spaß, nur mit Holzbällen zu spielen. Das tat ganz schön weh und er fragte seinen Erzieher, ob nicht ein Gummiball praktischer wäre. Der antwortete ihm entsetzt: „Gummi für Dummi", und wollte nichts mehr davon hören.

Manchmal gelang es Lignus, aus dem großen Garten hinter dem Schloss durch die Hecke zu schlüpfen. Dann zog er schnell die Holzschuhe aus, damit das Klappern ihn nicht verraten konnte und schlich in den Wald.

Einmal ging er weiter als je zuvor und kam an ein dichtes Dornengebüsch. Dort hörte er einen wunderschönen Ton, der lang und zart durch die Luft schwebte. Verzückt blieb er stehen. Der zarte Klang bezauberte den Prinzen. Weitere herrliche Töne erklangen in kurzem Abstand. Dann wurde es ganz still. Es wurde schon dämmerig im Wald und schnell lief er nach Hause.

Die geheime Werkstatt

Am nächsten Tag schlich Prinz Lignus sich früher durch die Hecke und huschte schnell zum Dornengebüsch. Ja, da klang wieder dieser herrliche Ton, den er im Holzland bisher niemals gehört hatte, heute kräftig und rhythmisch. Er fand einen Durchschlupf und blickte auf eine graue Hütte, vor der ein alter Mann und ein Junge auf etwas Rundes schlugen. Es sah aus wie eine Schüssel, aber sie war nicht aus Holz.

Der Junge schimpfte: „Ich will nicht hier eingesperrt sein! Lass mich endlich zu anderen Menschen!"

„Du musst hier bleiben. Wir sind Blechschmiede, die Holzköpfe mögen uns nicht!"

„Warum bleiben wir denn hier?"

„Die Holzländler brauchen unsere Kessel. Einen Holztopf kann man nicht auf das Feuer stellen. Heimlich verstecken sie die Kessel, damit niemand sie sieht. Sie sagen: Holz macht stolz! Blech ist schlecht!"

Dann arbeiteten sie schweigend weiter. Sie klopften auf den Kessel und die hellen, schwebenden Klänge drangen über die Lichtung.

Lignus staunte. Es gibt doch Blech im Holzland.

Schnell wollte er zurück und in der Küche danach suchen. Doch er blieb mit seinem Zopf, den er als Prinz blöderweise tragen musste, in den Dornen hängen.

„Aua, aua!"

Der Junge hörte seine Schreie und kam zu ihm. Er half Lignus, den Zopf zu lösen. Dann fragte er: „Was machst du hier?"

„Ich habe die Töne gehört und fand sie so schön."

„Du denkst nicht: Blech ist schlecht?"

Lignus schüttelte den Kopf, aber dann riss er sich los und rannte davon.

Der Schmiedejunge schaute ihm nach.

In der Schlossküche

Lignus lief nicht in sein Zimmer. Er schlich durch einen Hintereingang in die Schlossküche. Die Entdeckung hinter dem Dornengebüsch ließ ihm keine Ruhe.

Am frühen Nachmittag war hier alles ruhig. Das Küchenpersonal machte Pause, bevor es begann das Abendessen zu kochen.

Wie waren noch die Sprüche?
Holz macht stolz!
Blech ist schlecht!
Glas macht blass!
Gummi für Dummi!
Stein – gemein!

Aber merkwürdig, die Herde waren nicht aus Holz. Wie auch? Einmal hatte eine Hofdame erklärt: „Die Bäume wachsen in der Erde. Lehm ist Erde und deshalb nicht ‚unhölzern'." Das war ja mal praktisch! Herde aus Lehm waren also erlaubt. Ebenso die Lehmöfen zum Brotbacken.

Lignus suchte lange in der ganzen Küche.
Schon wollte er aufgeben, als er eine kleine Maus

„Wie kannst du die Blechschmiede hinter der Hecke im Wald einsperren? Sie sind Menschen wie wir. Der Schmiedejunge ist ganz traurig und außerdem ist er mein Freund!"

Niemand im Saal machte den kleinsten Mucks. Auch vor dem Schloss verstummte alles.

Leise klang von fern ein feiner Ton. Ting. Ting, ting, ting. Lignus ergriff das Zepter und antwortete. Tack, tack.

Ting, tinge, ting. Tack, tacke, tack.
Tinge, tinge, ting, ting. Tacke, tacke, tack, tack.

Der Schmiedejunge näherte sich mit dem Kessel dem Schloss und trommelte fröhlich mit dem Löffel. Lignus spielte mit dem Zepter auf allen Holzmöbeln im Palast. Der alte Schmied hämmerte bald fröhlich auf dem Amboss. Die Palastwachen stampften mit den Holzstangen auf das Parkett. Daraus mischte sich eine fröhliche Musik, bei der niemand stillstehen konnte. Wild und ausgelassen begannen sie zu tanzen. Am fröhlichsten Lignus und der Schmiedejunge.

Ob sie Freunde wurden? Das kann man heute noch nicht sagen. Aber ausgeschlossen ist es nicht.

aufscheuchte, die unter dem Brennholzstapel verschwand und dort ein metallisches Kratzen hören ließ. Unter dem Brennholz hatte der Koch zwei Kupferkessel versteckt.

Der Prinz räumte sie frei und stupste vorsichtig dagegen. Ein wunderschöner Klang schwebte durch die Schlossküche. Er holte den größten Kochlöffel und schlug erst vorsichtig, dann immer heftiger an beide Kessel. Ein Dröhnen, wie nie zuvor gehört, füllte die Küche und bald das ganze Schloss.

Mit schmerzverzerrtem Gesicht stürmte die Schlosswache herbei und ergriff die Prinzen. Bald darauf hatte man Prinz Lignus vor den Thron seines Vaters geschleppt.

Gerechtigkeit für die Blechschmiede
Der Holzkönig schlug mit seinem Zepter zornig auf die Armlehne. Zu jedem Schlag rief er einen Satz wie ein Gesetz:
Holz macht stolz!
Blech ist schlecht!
Glas macht blass!
Gummi für Dummi!
Stein – gemein!
Metall – auf keinen Fall!

Die Palastwache ließ den Prinzen los. Der stemmte die Hände in die Hüften und wartete, bis sein Vater schwieg.

Drums to go

Wenn du nach Noten trommeln lernen willst, brauchst du ein Schlagzeug, worauf du immer üben kannst. Es passt sogar in deinen Ranzen, deshalb heißt es „Trommeln zum Mitnehmen" oder auf Englisch „Drums to go".

Du brauchst:

☐ einen Blechteelöffel
☐ eine leere Kaugummidose
☐ etwas Reis, Kies oder Steckperlen
☐ eine einfache Fahrradklingel

So geht's:

Du füllst die Steckperlen in die Kaugummidose. Jetzt hast du vier Instrumente:

1. eine hohe Trommel → *Schlage mit dem Teelöffel auf den Deckelrand der Kaugummidose!* 	**2. eine tiefe Trommel** → *Schlage mit dem Teelöffel auf die Deckelmitte der Kaugummidose!* 
3. eine Rassel → *Schüttele die Kaugummidose!* 	**4. eine Glocke** → *Stecke die Fahrradklingel auf einen Finger und schlage sie mit dem Teelöffel an!* 

♫ Probiere alle Instrumente aus. Schlage dabei mit dem Teelöffel so, als ob du ein Ei aufklopfst. Halte die Kaugummidose beim Rasseln quer in der Hand.

♫ Singt gemeinsam euer Lieblingslied und trommelt dazu. Achtet auf die richtige Lautstärke. Der Gesang muss immer gut zu hören sein.

♫ Wechselt euch beim Trommeln ab. Überlegt euch eine interessante Begleitung.

Hinweis: Bestandteile besprechen und alles ausprobieren

Trommelgeschichten

Gesenkschmiede von 1905

Hinweis: Klangimprovisation zum Bild, gleichmäßige Maschinenrhythmen mit den Teilen von Drums to go

Schritt für Schritt

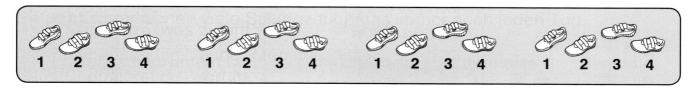

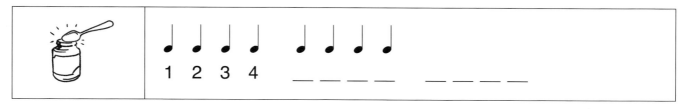

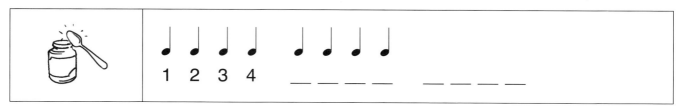

Hinweis: gleichmäßig im Kreis gehen; die Schritte in Vierergruppen zählen; dazu trommeln; das *Schrittnotenzeichen* entdecken; tiefe und hohe Schrittnoten trommeln, zählen, zeichnen

Hohe und tiefe Schrittnoten

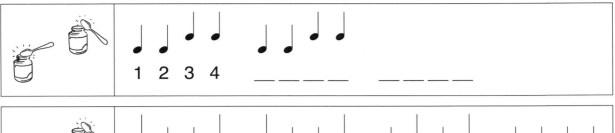

Hinweis: hohe und tiefe Schrittnoten nach Noten spielen; selbst Schrittnotenmusik erfinden und aufzeichnen; Schrittnotenmusik vor- und nachspielen; Schrittnotenmusik vorspielen, hören, zeichnen; Schrittnotenmusik auf der Glocke spielen

Musik mit Pausen

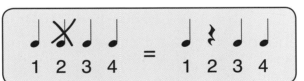

1.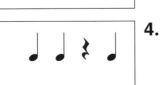

2.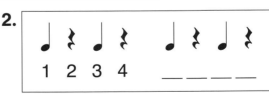

3.

4.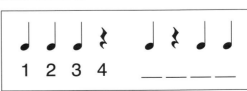

1 2 3 4 _ _ _ _

Hinweis: Pausen als Gestaltungsmittel entdecken; das Pausenzeichen kennenlernen; Rhythmen mit Pausen trommeln und
raten; das Pausenzeichen schreiben; eigene Rhythmen erfinden, spielen und aufschreiben

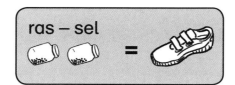

Rasselmusik

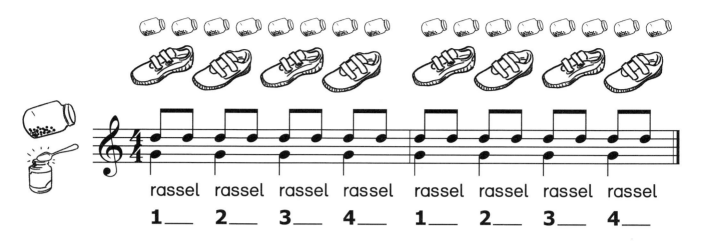

rassel rassel rassel rassel rassel rassel rassel rassel

1 __ **2** __ **3** __ **4** __ **1** __ **2** __ **3** __ **4** __

Hinweis: die Rassel ausprobieren; im Kreis gehen und bei jeden Schritt zweimal rasseln; Notenbild und Grafik vergleichen; ein Lied mit Rasseln und Trommeln mit Viertel- und Achtelnoten begleiten, z. B. „Hab 'ne Tante aus Marokko" (Herkunft unbekannt) oder „Wie schön, dass du geboren bist" (Rolf Zuckowski)

Trommelmusik

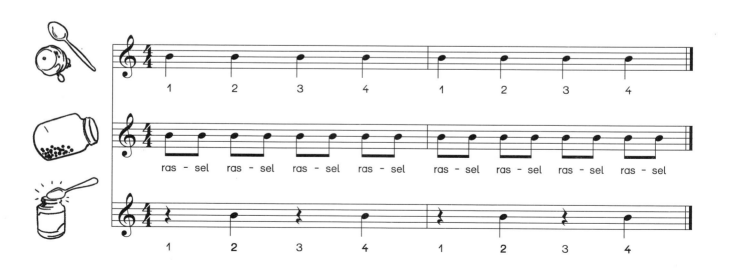

Hinweis: alles einzeln spielen; in kleinen Gruppen alles gleichzeitig spielen; die Instrumente der Zeilen vertauschen; Lieder mit dem Rhythmus begleiten, z. B.: „Alle Kinder lernen lesen" (Text: Wilhelm Topsch, Melodie, Herkunft unbekannt), „Kindermutmachlied" (Andreas Ebert), „Lied über mich" (Volker Rosin)

Töne wie Seifenblasen

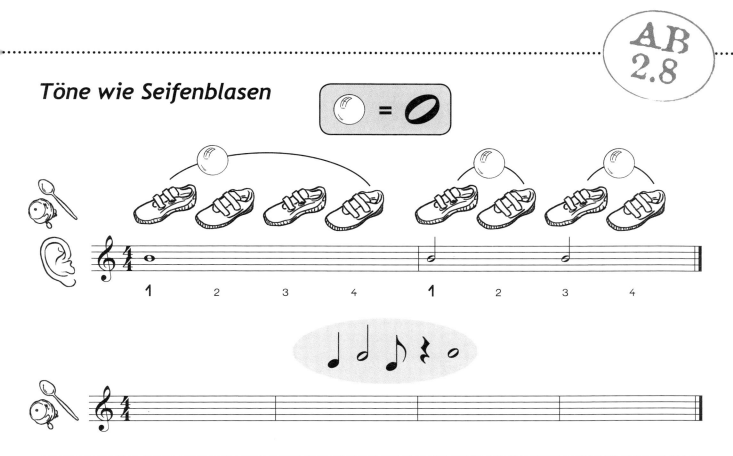

Hinweis: Das Bild der Seifenblase, die lange fliegt, ist die Eselsbrücke für die ganze Note; die halbe Note lässt sich daraus ableiten; mit allen bekannten Notenwerten eine „Glockenmusik" erfinden.

Ein Hund kam in die Küche

Track Nr. 1

Bei dieser Musik zählen wir nur bis **3**.

1.Ein Hund kam in die Küche und stahl dem Koch ein Ei.

Da nahm der Koch den Löffel und schlug den Hund zu Brei.

2. Da kamen viele Hunde und gruben ihm ein Grab
und setzten ihm ein' Grabstein, auf dem geschrieben stand:

↻ von vorne beginnen!

Dazu passt diese Dreischrittmusik:

Marsch der Roboter

Michael Bromm

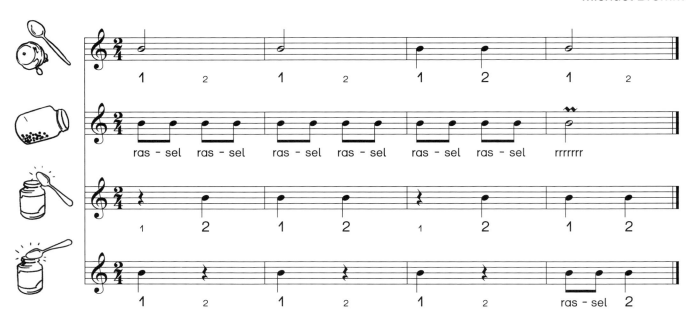

Hinweis: die Reihen einzeln besprechen und üben; Vorzählen üben; in Kleingruppen üben; das Stück spielen und dazu bewegen; Robotermarionetten basteln und damit eine Aufführung gestalten; mit dem 2/4-Rhythmus lassen sich viele Lieder begleiten z. B. „Der Cowboy Jim aus Texas" (Fredrik Vahle), „Fing mir eine Mücke heut" (aus Ungarn), „Jingle Bells" (James Pierpont), „Trat ich heute vor die Türe" (Text: Christel Süssmann, Melodie: Heinz Lemmermann)

Herzlich willkommen beim

Trommelkurs!

In acht Lektionen lernst du, als Schlagzeuger in einer Band zu spielen.

Inhalt:

- das Schlagzeug
- die wichtigsten Teile
- Stockhaltung
- Lektionen 1 bis 7

Das Schlagzeug

In der Musiksprache werden alle Instrumente, die geschlagen, geschüttelt und manchmal noch anders gespielt werden, **Schlagzeug** genannt. Dazu gehören z. B. auch ein Amboss, Glocken oder eine Schiffssirene.

In der Umgangssprache nennen wir eine Kombination aus Trommeln und Becken, die von einer Person mit Händen und Füßen gespielt wird, **Schlagzeug**. Die Musiker sagen dazu auf Englisch **Drumset**.

Oft hat ein Drumset zehn oder noch mehr Teile. Die meisten davon werden nur sehr selten benutzt.

Die wichtigsten Teile

Besonders oft wird die **Snare** oder **kleine Trommel** benutzt. An der Unterseite sind feine Metallspiralen gespannt. Sie verstärken bei jedem Schlag den Ton.

Die **Bassdrum** oder **große Trommel** ist das größte und tiefste Teil des Schlagzeugs. Sie wird mit dem rechten Fuß gespielt. Dazu wird die **Fußmaschine** unten an den Rahmen geschraubt.

Rechts steht der Ständer mit einem **Becken** aus Metall.

Links steht die **Hi-Hat** auf einem Ständer mit einem Fußpedal. Sie hat zwei Becken, die mit dem Pedal zusammengeschlagen werden.

Oft löst der Schlagzeuger die Schraube des oberen Beckens, damit die Becken beim Anschlagen scheppern.

Jetzt geht es los!

Stockhaltung

Nimm deine Schlagzeugstöcke und halte sie so, wie du es auf dem Bild siehst; ungefähr wie einen Hammer, aber nicht ganz so fest.

Zum Üben nimmst du nur die kleine Trommel oder eine federnde Unterlage, z. B. ein Mousepad, eine Plastikdose für CD-Rohlinge oder ein Holzbrettchen.
Probiere auch andere Unterlagen aus, auf denen das Trommeln Spaß macht.

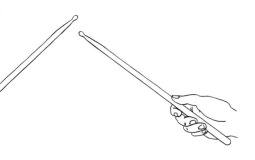

Tipp

Zum Üben kannst du auch andere gerade Stöcke nehmen.
Sie sollten nicht dicker sein als dein Daumen und etwas kürzer als dein Unterarm.
Eine gute Möglichkeit sind auch Essstäbchen aus China.

Lektion 1: Schritt für Schritt

Zuerst lernst du, gleichmäßig mit beiden Stöcken zu spielen.

Trete gleichmäßig mit einem Fuß auf und zähle dabei bis vier.
Trommle abwechselnd links und rechts und zähle dabei.

	rechts	links	rechts	links	r	l	r	l
zähle	1	2	3	4	1	2	3	4
Notenbild	♩	♩	♩	♩	♩	♩	♩	♩

 Übe in verschiedenen Tempi. Stelle dir vor, du gehst, du joggst, du rennst.

 Achtung!
Wie beim Radfahren ist es wichtig, dass du alles so lange übst, bis du es sicher kannst.

Lektion 2: Betonungen 1, 2, 3 oder 4

Wenn du in verschiedenen Tempi gleichmäßig spielen kannst, probiere es mit Betonungen aus.

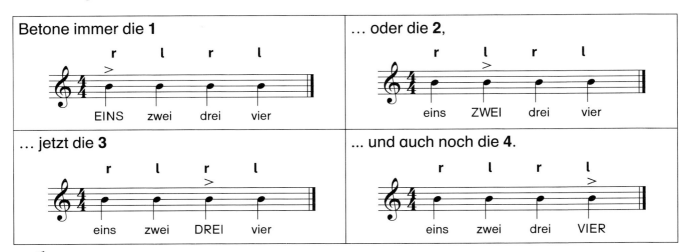

Übe die Betonungen in verschiedenen Tempi (gehen, joggen, rennen).

Welche Betonung fällt dir leicht? Welche ist schwierig?

Lektion 3: Betonungen 4 und 1, 3 und 2

Diese Lektion ist nicht einfach. Beginne langsam und zähle laut mit.
Übe dann auch in schnellerem Tempo.

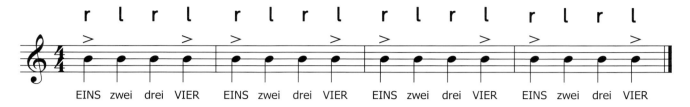

Die Betonung „4 und 1" hast du geschafft! Übe jetzt „3 und 2" genauso.

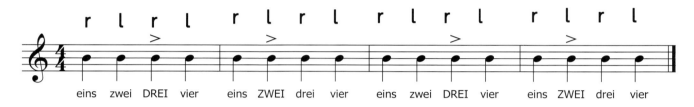

♫ Kannst du auch beide Übungen hintereinanderspielen?

Lektion 4: „Mama Papa"

Diese Übung machen viele Schlagzeugprofis immer noch jeden Tag.

Manche nennen die Übung „Mama Papa".
Beim Üben hörst du, warum.

		r r	l l	r r	l l	r r	l l	r r	l l
zähle		1	2	3	4	1	2	3	4
Notenbild		♫	♫	♫	♫	♫	♫	♫	♫

♫ Übe in verschiedenen Tempi. Stelle dir vor, du gehst, du joggst, du rennst.

Lektion 5: Linke Hand, rechte Hand

Prima, dass du das Training bis hierher geschafft hast!
Jetzt lernst du, mit beiden Händen gleichzeitig zwei Rhythmen zu spielen.

	Übe erst diesen Takt mit rechts,				dann diesen Takt mit links,				und schließlich alles zusammen.			
	r r	r r	r r	r r					r r	r r	r r	r r
						l		l		l		l
zähle	1	2	3	4	1	2	3	4	1	2	3	4
Notenbild	♫	♫	♫	♫	𝄾	𝄾	𝄾	𝄾	♫	♫	♫	♫
Notenbild	𝄾	𝄾	𝄾	𝄾	𝄾	♩	𝄾	♩	𝄾	♩	𝄾	♩

 Übe alles erst langsam im Gehtempo, dann auch etwas schneller und schließlich ganz schnell.

Lektion 6: Spielen auf dem Drumset

Jetzt kannst du mit Fuß und Händen diesen Rhythmus auf dem Drumset üben.

Achtung!
Die Hi-Hat steht links.
Die Hände überkreuzen sich dabei.

rechts
links
Fuß

1 2 3 4   1 2 3 4   1 2 3 4   1 2 3 4

Als guter Schlagzeuger weißt du schon, dass du erst ganz langsam mit dem Üben beginnst.

Herzlichen Glückwunsch!
Du hast es geschafft und bist ein Bandschlagzeuger.

Lektion 7: Wie geht es weiter?

Du hast toll getrommelt!
Vielleicht hast du Lust, noch besser Schlagzeug zu lernen.
Das geht im Musikunterricht nicht. Aber es gibt verschiedene Möglichkeiten:

Die Musikschule

Du kannst dich in einer Musikschule zum Schlagzeugunterricht anmelden –
entweder im Einzelunterricht oder manchmal auch im Gruppenunterricht.

Musikverein, Blasorchester oder Ähnliches

Fast alle Vereine, in denen Musik gemacht wird, haben Anfängergruppen.
Man kann im Spielmannszug als Trommler anfangen oder in einem
Blasorchester. Frag doch mal in der Klasse, wer in so einer Gruppe mitspielt.
Oft brauchst du dir zunächst gar kein Instrument zu kaufen.

Viel Spaß beim Trommeln!

Auf der Suche nach Schrottinstrumenten

 Schau dir an, welche Instrumente diese Kinder benutzen.

Auch du kannst beim Sperrmüll, im Keller oder auf dem Dachboden Gegenstände finden, die man zum Musikmachen benutzen kann.

Überlege, wo du suchen willst.

> Fragt den Schulhausmeister.
>
> Ruft bei einer Entrümpelungsfirma an oder fragt bei euren Nachbarn.

Bringe zwei Alltagsgegenstände mit, mit denen man Musik machen kann!

Das habe ich gefunden:

_____

_____

So will ich damit musizieren:

_____

Meine Fundsache für das Schrottorchester

_____
Name/Bezeichnung

_____
Fundort

_____
Finder

_____
Spielvorschlag

Unsere Schrottinstrumente

 Schau dir an, was die Kinder mitgebracht haben.

 Male auf, was du und andere Kinder in der Klasse gesammelt haben.

 Probiere aus, was du auf einem Instrument spielen kannst.
Spielt euch die Ergebnisse gegenseitig vor.

Spielidee: Der heimliche Dirigent
- Ein Kind verlässt den Raum.
- Die Übrigen verabreden, wer der Dirigent ist.
- Beim Spielen gibt der Dirigent den Rhythmus vor.
- Allen spielen diesen Rhythmus nach, bis der Dirigent einen neuen vorgibt.
- Das Rate-Kind muss herausfinden, wer der Dirigent ist.

Unser Schrottorchester

 Welche Instrumente hat eure Klasse gefunden?
Wie kannst du die Instrumente verwenden?
Trage die Instrumente in die Tabelle ein.

Gefäße aus Plastik zum Trommeln		
tief	*mittel*	*hoch*

Gefäße aus Metall zum Trommeln		
tief	*mittel*	*hoch*

Metallklinger

Instrumente zum Schütteln

Instrumente zum Reiben oder Ratschen

Instrumente zum Blasen

Weitere Instrumente

Batucada de Lixo (1)

♪ Aus diesen Vorschlägen kannst du einen Rhythmus für dein Schrottinstrument zusammenstellen.

1. Spiele die Takte mehrmals einzeln. Sprich dabei die Merksprüche mit.
2. Stelle aus zwei oder drei Takten einen Rhythmus zusammen.
3. Verabrede dich mit anderen, mehrere Rhythmen gleichzeitig zu spielen.
4. Ihr könnt auch eigene Rhythmen erfinden.

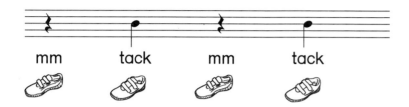

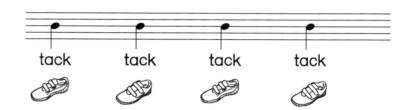

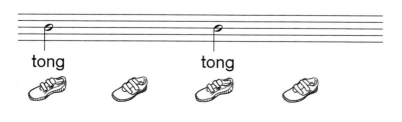

Batucada de Lixo (2)

Batucada de Lixo

Michael Bromm

Musik mit dem Stuhl (1)

Du brauchst:

☐ einen Stuhl   ☐ einen Gummiring

So geht's:

- Spanne den Gummiring über die Lehne.

- Spiele darauf und erzeuge verschiedene Töne.
  Die Bilder zeigen dir, wie es geht.

 Was hörst du? Erzähle.

Musik mit dem Stuhl (2)

So geht's weiter:

 Nimm einen Ballon.
Klebe den Ballon fest.
Spiele so.

 Nimm eine Schachtel.
Spiele so.

 Was hörst du? Erzähle.

 Spiele eine Melodie.

 Spiele ein Lied.

© AOL-Verlag

Mein Einsaiter

Baue dir ein Saiteninstrument.

Du brauchst:

- ☐ eine Dose oder Kiste, etwa so groß wie eine Frühstücksdose aus Plastik, Metall oder Holz
- ☐ eine Holzleiste, etwa 1 cm dick, 2 cm breit und 60 cm lang
- ☐ einen Holzgardinenring (Durchmesser 5 cm), halbiert
- ☐ einen Luftmatratzenstöpsel
- ☐ Klebeband
- ☐ Nylonschnur (möglichst E- oder H-Saite für Konzertgitarre, sonst Angelschnur, mindestens 0,35 mm, oder Dekoschnur aus Plastik)
- ☐ Werkzeug: Puksäge, Handbohrer (4 oder 5 mm), Schleifpapier, Schere

So geht's:

1. Säge den Gardinenring in zwei Hälften, du brauchst nur eine Hälfte.
2. Säge in die höchste Stelle eine kleine Kerbe.
3. Säge die Holzleiste an einem Ende ein. Bohre am anderen Ende ein Loch für den Luftmatratzenstöpsel. Sichere das Ende mit Klebeband, damit es nicht reißt.
4. Befestige mit dem Klebeband die Kiste an einem Ende der Leiste.
5. Führe die Nylonschnur in das Loch am Luftmatratzenstöpsel und mache einen dicken Knoten an das andere Ende.
6. Spanne jetzt die Saite auf die Leiste.
7. Stelle den halben Gardinenring so auf, dass er die Saitenschwingung auf die Kiste überträgt.
8. Spanne mit dem Stöpsel die Schnur so, dass sie schön klingt und der Gardinenring fest steht.

Fertig!

Der Einsaiter ist ein Saiteninstrument

Vergleiche deinen Einsaiter mit anderen Saiteninstrumenten.

Gitarre	**Mein Einsaiter**	**Geige**

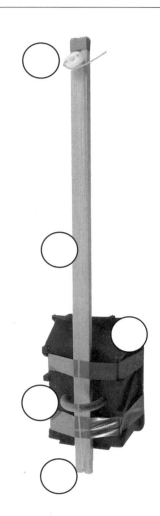

> Dein Einsaiter hat alle Teile eines Saiteninstruments.
>
> Sie werden bei richtigen Instrumenten so bezeichnet.

 Schreibe die Ziffern an die richtigen Stellen der drei Saiteninstrumente.

① Die Kiste ist der Klangkörper. Er heißt **Korpus**.

② Die Schnur heißt **Saite**.

③ Die Kerbe ist der **Saitenhalter**.

④ Die kleine Brücke aus dem Gardinenring heißt **Steg**.

⑤ Die Schraube heißt **Wirbel** oder **Mechanik**.

Spielen auf dem Einsaiter (1)

 Untersuche den Klang.

> Wie kann ein Klang sein?
>
> Zum Beispiel: hoch oder tief, hell oder dunkel, laut oder leise, scharf oder dunkel.

1. Zupfe die Saite nahe beim Steg über dem Korpus.

2. Zupfe auch an anderen Stellen und vergleiche den Klang.

3. Zupfe mit dem Daumen oder einem Fingernagel.

4. Versuche, auch mit verschiedenen kleinen Gegenständen zu zupfen.

5. Vergleiche den Klang deines Instruments mit den anderen Instrumenten deiner Klasse.

Spielen auf dem Einsaiter (2)

 Untersuche die Tonhöhe.

1. Halte mit einem Finger die Saite so fest, dass du verschieden hohe Töne spielen kannst.

    Beschreibe deine Beobachtung.

   _____

   _____

2. Versuche, eine Melodie mit verschiedenen Tönen zu spielen.

3. Versuche, eine Tonleiter zu spielen. Beginne dabei mit der leeren Saite, ohne zu drücken.

4. Übe die Tonleiter so, dass du sie wiederholen kannst.

5. Markiere die Stellen, an denen du die Saite festhalten musst, um die Tonleiter zu spielen.

Mein Bogen für den Einsaiter

Viele Saiteninstrumente werden mit einem Bogen gestrichen.
Baue dir einen Bogen für deinen Einsaiter.

Du brauchst:

☐ einen biegsamen Stock oder eine Leiste
☐ ein Stück Band, nicht zu glatt oder zu rau,
z. B. Bast oder schmales Geschenkband
☐ etwas Kolophonium (Das ist ein spezielles
Harz für Streichinstrumente. Dein Lehrer
besorgt es im Musikgeschäft.)

Du kannst statt Kolophonium auch Harz von Kiefern oder Fichten ausprobieren, wenn es nicht zu weich ist.

So geht's:

1. Befestige das Band so an dem Stock, dass
es gut gespannt ist.
2. Streiche es gründlich mit Kolophonium ein.
3. Streiche dann damit über die Saite, etwa drei Fingerbreit über dem Steg.

Spielen mit dem Bogen

♫ Probiere deinen Bogen aus.

1. Versuche, einen möglichst langen Ton zu spielen.

2. Versuche, eine Tonleiter zu spielen.
Beginne dabei mit der leeren Saite, ohne
zu drücken.

3. Übe die Tonleiter so, dass du sie
wiederholen kannst.

4. Denke dir eine kleine Melodie aus
und spiele sie mit dem Bogen.

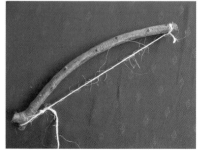

© AOL-Verlag

Meine Obstkistenharfe

Baue dir eine Harfe aus einer Obstkiste.

Du brauchst:

- ☐ eine Obstkiste (aus Holz oder Plastik), z. B. aus dem Supermarkt
- ☐ ca. 4 m Plastikschnur
- ☐ einen Knopf
- ☐ ein Stück Holzleiste, ca. 15 cm lang
- ☐ Werkzeug: Bohrer (3 mm), Schere

So geht's:

1. Bohre in den Boden der Kiste Löcher, für jede Saite deiner Harfe zwei. Mache dabei eine Reihe gerade und eine schräg. Dann sind die Saiten verschieden lang.

2. Knote den Knopf an das eine Ende der Plastikschnur.

3. Ziehe dann die Plastikschnur durch die Löcher hin und her über den Boden der Kiste.

4. Spanne die Schnur so stramm wie möglich.

5. Stecke nun das Ende in den Knopf und spanne noch einmal.

6. Zum Schluss knotest du das Schnurende am Knopf fest.

7. Klemme die Leiste zwischen Saiten und Boden.

Fertig!

♫ Erfinde Musik für deine Harfe.

♫ Spiele auch zusammen mit anderen.

SHOW

Im Buch „Der kleine Wassermann" von Otfried Preussler gibt es eine schöne Harfengeschichte.
Malt passende Bilder dazu und fotografiert sie. Daraus wird eine tolle Diashow.
Lest dazu die Geschichte vor und erfindet eine passende Harfenmusik.

Meine Schubladenharfe

Baue dir eine Harfe aus einer Schublade.

Du brauchst:

- ☐ eine alte Schublade, z.B. vom Sperrmüll
- ☐ ca. 4 m Plastikschnur
- ☐ einen Knopf
- ☐ 10 kleine Holzklötze (es können auch mehr oder weniger sein)
- ☐ Werkzeug: Bohrer (3 mm), Schere

So geht's:

1. Bohre in den unteren und oberen Rand der Schublade so viele Löcher, wie deine Harfe Saiten haben soll, z. B. zehn.

2. Knote den Knopf an das eine Ende der Plastikschnur.

3. Ziehe dann die Plastikschnur durch die Löcher hin und her über den Boden der Schublade.

4. Spanne die Schnur so stramm wie möglich.

5. Stecke dann das Ende in den Knopf und spanne noch einmal.

6. Zum Schluss knotest du das Schnurende am Knopf fest.

7. Stecke die kleinen Holzklötze unter die Saiten der Harfe. Du kannst die Saiten stimmen, indem du die Klötze verschiebst.

Fertig!

♪ Erfinde Musik für deine Harfe.

♫ Spiele auch zusammen mit anderen.

SHOW

Im Buch „Der kleine Wassermann" von Otfried Preussler gibt es eine schöne Harfengeschichte.
Malt passende Bilder dazu und fotografiert sie. Daraus wird eine tolle Diashow.
Lest dabei die Geschichte vor und erfindet eine passende Harfenmusik.

Untersuche deine Kistenharfe!

Zeichne hier das Instrument, das du gebaut hast.

1. Tue so, als ob du einem Freund oder einer Freundin das Instrument am Telefon beschreibst.

   Hier hast du Platz für Stichworte:

   _____

   _____

   _____

2. Spiele abwechselnd den höchsten und tiefsten Ton.

3. Spiele eine Tonleiter.

4. Spiele eine Melodie aus drei Tönen.

5. Höre diese Melodie eines Mitschülers und versuche, sie auf deiner Harfe nachzuspielen. Wie ist es dir gelungen?

   ☐ Es ist mir gut gelungen!
   ☐ Es ist mir fast gelungen.
   ☐ Es ist mir nicht gelungen, weil …

   _____

   _____

Die Harfe ist ein Saiteninstrument ohne Griffbrett

 Vergleiche deine Kistenharfe mit anderen Saiteninstrumenten.

Konzertharfe	Meine Kistenharfe	Konzertflügel (Klavier)

 Markiere die Bestandteile in den Bildern farbig.

- **Saiten:** blau
- **Klangkörper:** gelb
- **Tasten:** rot

Kreuze an, was zutrifft.

Dieses Instrument ...	Konzertharfe	Kistenharfe	Cembalo
... hat mehrere verschieden lange Saiten.			
... wird mit den Fingern gezupft.			
... ist mit dem Klavier verwandt.			
... wird im Sinfonieorchester verwendet.			
... hat Tasten zum Anschlagen der Saiten.			
... kann mit einem „Stimmschlüssel" gestimmt werden.			

Was pfeift denn da? (1)

In deiner Federmappe hast du wahrscheinlich
mehrere Flöten. Probiere mal deine Füllerkappe aus!

So geht's:

- Bilde mit den Lippen einen schmalen Luftstrahl und blase damit
  über die Kante der Füllerkappe.
- Halte die Kappe an den unteren Rand der Unterlippe und
  versuche, den richtigen Winkel und Luftdruck zu finden.

> So funktionieren alle Flöten. Der Luftstrahl wird an einer Kante
> verwirbelt und in dem Rohr schwingt die Luft. Das ist der Ton.

 Sammle und probiere verschiedene Gefäße aus.

Gegenstand	Wie klingt er?	Schwierigkeit, einen Ton zu erzeugen, in Schulnoten

---

Was pfeift denn da? (2)

Aus mehreren Gefäßen kannst du dir ein Flötenbündel mit
verschiedenen Tönen herstellen.

Du brauchst:

☐ drei bis fünf klingende Röhren und Gefäße
☐ festes, breites Klebeband

So geht's:

Du klebst die Gefäße so zusammen, dass du alle gut
anblasen kannst. Schon kannst du darauf musizieren.

> Ich kenne ein
> lustiges Ratespiel!
> Blase verdeckt auf einem
> Gegenstand.
> Wer rät, was es war?

Probiere dein Flötenbündel aus:

 1. Welches Teil klingt am tiefsten? Welches am höchsten?

 2. Spiele eine Tonleiter.

 3. Erfinde eine Melodie.

 4. Denke dir ein Tanzlied oder ein Schlaflied aus.

Meine Panflöte

Aus einem Plastikrohr lässt sich einfach eine Panflöte bauen.

Du brauchst:

- ☐ ein Plastikrohr (Durchmesser etwa 16 mm)
- ☐ Knete
- ☐ Klebeband
- ☐ Werkzeug: Puksäge, Schleifpapier

So geht's:

1. Säge drei unterschiedlich lange Rohrstücke ab.

2. Glätte die Ränder der Schnittstellen.

3. Verschließe eine Seite mit Knete oder einem Stopfen.

4. Klebe die Rohre mit dem Klebeband in einer Reihe nebeneinander fest.

Fertig!

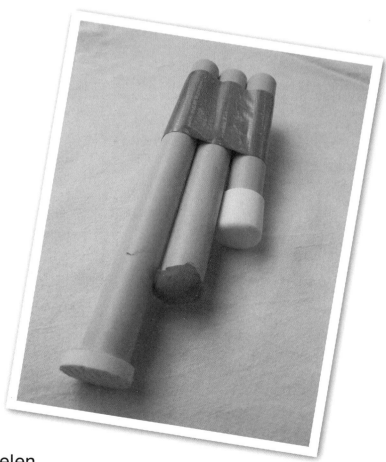

♫ Übe, die Töne zu spielen.

♫ Erfinde eine kleine Melodie.

Meine Querflöte

Aus einem Plastikrohr lässt sich einfach eine Querflöte bauen.

Du brauchst:

- ☐ ein Plastikrohr (Durchmesser etwa 16 mm)
- ☐ Knete
- ☐ Werkzeug: Puksäge, Nagelbohrer oder Bohrleier (ca. 6 mm <u>und</u> 8 mm), Schleifpapier

So geht's:

1. Säge ein Rohrstück ab, etwa 25 cm lang.

2. Verschließe eine Seite mit Knete oder einem Stopfen.

3. Bohre mit dem dicken Bohrer (8 mm) drei Fingerbreit vom Stopfen ein Loch.

4. Glätte den Rand des Bohrlochs.

5. Probiere, einen Ton zu spielen.

6. Bohre drei Fingerbreit vom offenen Ende ein Loch mit einem dünneren Bohrer (6 mm). Glätte den Rand des Bohrlochs. Spiele zwei Töne.

7. Bohre noch ein oder zwei weitere Löcher mit jeweils ca. zwei Fingerbreit Abstand.

Fertig!

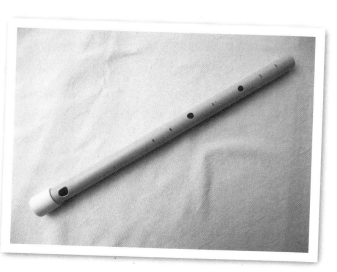

 Erfinde eine kleine Melodie.

Die Flöte ist ein Holzblasinstrument

 Vergleiche deine Flöte mit anderen Flöten.

Blockflöte	Panflöte	Querflöte

Meine Panflöte	Meine Querflöte

Markiere die Bestandteile in den Bildern farbig.

- **Kante oder Loch, an dem der Ton entsteht:** blau
- **Grifflöcher:** gelb
- **Rohr:** rot

 Kreuze an, was zutrifft.

Dieses Instrument ...	Blockflöte	Panflöte	Querflöte	Meine Querflöte	Meine Panflöte
... hat Klappen, um mehr oder leichter Töne spielen zu können.					
... hat für jeden Ton ein anderes Rohr.					
... wird im Sinfonieorchester verwendet.					
... habe ich selbst gebaut.					

Vuvuzela — Die Stadiontrompete

Wie spielt man auf der Vuvuzela?

So geht's:

1. Lege die Lippen fest aufeinander.

2. Blase mit gespannten Lippen kräftig genau in der Mitte, sodass die Lippen vibrieren. Das klingt wie ein kleiner Pups.

3. Setze das Mundstück auf die Lippen und blase genau so hinein.

♫ Blase verschiedene kurze Töne.

♫ Blase mehrere Töne in mittlerer Lautstärke.

♫ Blase erst leise, dann immer lauter … und dann wieder leiser.

♫ Blase lange, gleichmäßige Töne in verschiedenen Lautstärken.

♫ Denke dir einen Rhythmus aus, übe ihn und spiele ihn vor.

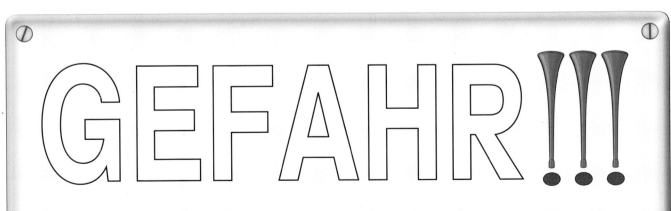

GEFAHR!!!

Blase niemals jemandem direkt ins Ohr!

Vuvuzelas sind für das Stadion gemacht, nicht für Räume.

Untersuche die Vuvuzela

Schreibe immer zuerst deine Vermutung auf!

1. Zerlege die Vuvuzela in ihre Einzelteile. Blase nur auf dem kurzen Mundstückteil, setze dann das Instrument zusammen und blase wieder.

Vermutung: Mit kurzem Rohr ist der Ton _____

Ergebnis: _____

2. Halte das Mundstück an ein Ohr und richte den Trichter zur Raummitte.

Vermutung: _____

Ergebnis: _____

3. Warum ist die Vuvuzela so laut? Das Ergebnis der vorangegangenen Untersuchung kann dir bei der Antwort helfen.

Vermutung: _____

Ergebnis: _____

Kann die komplette Vuvuzela nur einen Ton spielen?
Experimentiere mit Lippenspannung und Luftdruck.
Gelingen dir noch andere Töne?

Vermutung: _____

Ergebnis: _____

Die Vuvuzela unterstützt die Fangesänge

1. Schreibt einen Fangesang für die deutsche Nationalmannschaft auf,
den ihr kennt.

_____

_____

_____

_____

2. Schreibt Anfeuerungsrufe für einzelne Spieler auf!

_____

_____

_____

_____

Beispiele:
- für das ganze Team:
  Deutschland, Deutschland – weltmeisterhaft,
  Deutschland, Deutschland – holt sich den Cup!
- für einzelne Spieler und andere:
  Vorwärts, vorwärts, Deutschland vor,
  (Spielername) schießt das nächste Tor.
  Oder es wird ein Name als Spruch gestaltet, z. B.: *Jogi, Jogi, Jogi Löw.*

> Statt eines Fangesangs kannst du auch für etwas anderes Sprüche schreiben, z. B. zum Fasching, für eine Zirkusaufführung oder den letzten Schultag.

 Gestaltet den Ruf rhythmisch.

 Blast dazu auf den Vuvuzelas und trommelt z. B. auf einem Mülleimer.

 Gestaltet aus allen Teilen einen längeren Fangesang.

Mit der Vuvuzela musizieren

Mit Vuvuzelas kannst du Musik für Schulfeste, Sportveranstaltungen oder andere Gelegenheiten gestalten.

1. Schreibe einen Fangesang für das Team deiner Klasse.
Zum Beispiel: *Wer wird gewinnen? DIE 3C! Wer sind die Besten? DIE 3C!*

_____

_____

_____

_____

2. Erfinde einen kurzen Spruch zum Schulabschluss.
Zum Beispiel: *Die 4a ist bald nicht mehr da! Danke schön! Es war wunderbar!*

_____

_____

_____

_____

♫ Gestaltet den Ruf rhythmisch.

♫ Blast dazu auf den Vuvuzelas und trommelt z. B. auf einem Mülleimer.

♫ Gestaltet aus allen Teilen einen längeren Fangesang.

Beispiele:
- *Frau Müller und Schulze, leider müsst ihr geh'n!*
  Wir wünschen euch viel Glück, mit euch war's wunderschön.
- *Unser neuer Spielplatz ist jetzt bereit!*
  Wir warten schon so lange. Es war höchste Zeit!

Experimente mit Vuvuzelas

Stelle längere und ganz lange Vuvuzelas her.

Du brauchst:

☐ einen Schlauch oder ein Plastikrohr mit 2,5 cm Durchmesser
☐ etwas Klebeband

So geht's:

1. Schiebe den Schlauch oder das Plastikrohr über das schmale Ende der Vuvuzela.

2. Befestige es mit Klebeband.

Fertig!

Mein Tipp: Ein Föhn macht den Plastikschlauch weicher und du kannst ihn leicht über das Rohr der Vuvuzela schieben.

♫ Probiere die lange Vuvuzela aus.

 Untersuche die Tonhöhe!

Vermutung: Der Ton klingt _____

Ergebnis: _____

 Untersuche die Spielbarkeit! Wie viele verschiedene, evtl. auch hohe Töne kannst du leicht spielen?

Vermutung: Ich schaffe _____ Töne.

Ergebnis: Ich habe _____ verschieden hohe Töne gespielt.

 Bildet eine Gruppe mit verschieden langen Vuvuzelas. Denkt euch eine Musik aus. Die Musik könnte z. B. „Einzug des Meisters" oder „Elefantenmarsch" heißen.

Die Vuvuzela sieht aus wie ...

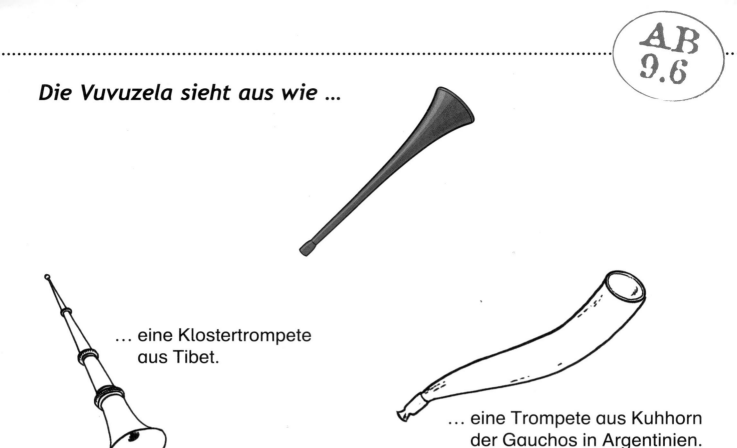

... eine Klostertrompete aus Tibet.

... eine Trompete aus Kuhhorn der Gauchos in Argentinien.

Die Tonerzeugung ist auf all diesen Instrumenten gleich.
In der Geschichte der Musik wurden daraus die Blechblasinstrumente entwickelt.

Auch diese Instrumente sind Verwandte der Vuvuzela:

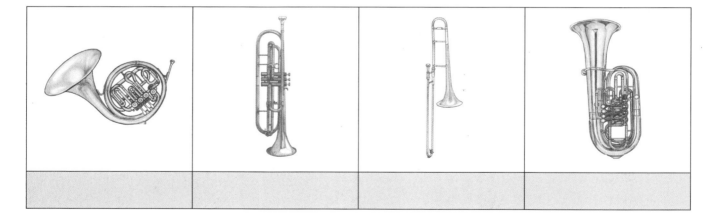

 Welche Instrumente sind es? Trage die Namen in die Felder ein.
Achtung! Eins bleibt übrig.

- Posaune
- Horn
- Tuba
- Saxofon
- Trompete

Wie Blätter Töne machen

Mit einem einfachen Blatt Papier kannst du Töne machen.

So geht's:

1. Nimm ein Blatt Papier in der Größe deines Schreibheftes.
2. Falte es einmal und halte es dann lose zwischen beiden Händen vor deinen Mund.
3. Blase kräftig in das gefaltete Blatt.

 Was passiert?

_____

Vermute: Warum ist das so?

_____

_____

Erkläre:

_____

_____

So geht's weiter:

Probiere es mit größeren und kleineren Blättern aus.

 Was passiert?

_____

Vermute: Warum ist das so?

_____

_____

Erkläre:

_____

_____

Wenn du zwei harte Gras- oder Schilfhalme, etwa so lang wie deine Hand, zwischen deine beiden Daumenglieder spannst und kräftig bläst, kannst du einen sehr lauten Ton erzeugen. Das ist gut als Signalinstrument beim Spielen im Wald geeignet oder um jemanden zu erschrecken.

Das Brummrohr

Aus einem quadratischen Blatt Papier kannst du einfach ein Musikinstrument bauen.

Du brauchst:

☐ ein quadratisches Blatt Papier
☐ einen Stift
☐ eine Schere
☐ Klebefilm

So geht's:

1. Rolle das Blatt von einer Spitze zur anderen um den Stift.

2. Entferne den Stift.

3. Klebe dann die lose Spitze fest an die Rolle.

4. Schneide die eine Spitze so an wie auf dem Bild.
   Die Verbindung zum Rohr darf nicht zu schmal sein.

5. Schneide das andere Ende ganz ab.

6. Klappe das kleine Dreieck vorsichtig gegen
   die Rohröffnung.

7. Sauge am anderen Ende vorsichtig Luft an.

Was passiert?

_____

Vermute: Warum ist das so?

_____

_____

Erkläre:

_____

_____

Musizieren auf Trinkhalmen

Aus einem Trinkhalm kannst du leicht eine einfache Oboe herstellen.

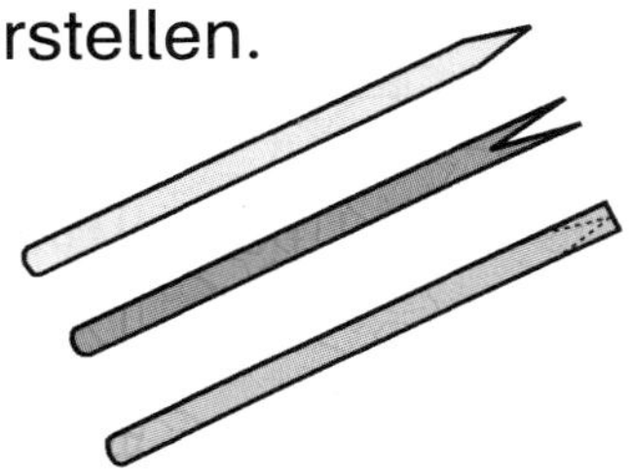

Du brauchst:
☐ einen Trinkhalm
☐ eine scharfe Schere

So geht's:

1. Schneide den Trinkhalm so zurecht wie auf dem Bild.
2. Nun kannst du darauf blasen wie auf einer Oboe. Rolle dazu deine Lippen über die Zähne.
3. Stecke das angeschnittene Ende zwischen die Lippen und blase hinein.

Probiere deine Halmoboe aus.

- Wie weit musst du den Trinkhalm zwischen die Lippen nehmen?
- Wie fest müssen die Lippen das Rohrblatt halten?
- Wie stark musst du blasen?

Schreibe auf oder zeichne, wie du es geschafft hast.

So geht's weiter:

Kreuze an, wofür du dich entscheidest.

☐ Schneide zuerst ein, später ein zweites Griffloch in deine Halmoboe
oder

☐ baue eine zweite Halmoboe aus einem ganz langen Trinkhalm.

Was passiert?

_____

Vermute: Warum ist das so?

_____

_____

Erkläre:

_____

_____

Die Halmoboe ist ein Rohrblattinstrument

 Vergleiche deine Halmoboe mit anderen Rohrblattinstrumenten.

Fagott	Oboe	Meine Halmoboe	Klarinette	Saxofon

 Markiere die Bestandteile in den Bildern farbig.

- **Rohr:** blau
- **Grifflöcher:** gelb
- **Rohrblattmundstück:** rot

Kreuze an, was zutrifft.

Dieses Instrument ...	Fagott	Oboe	Halmoboe	Klarinette	Saxofon
... hat Klappen, um mehr Töne spielen zu können.					
... hat ein kleines Mundstück aus zwei Rohrblättern.					
... ist das tiefste auf dieser Seite.					
... wird im Sinfonieorchester verwendet.					
... hat ein größeres Mundstück mit einem Rohrblatt.					
... hat ein gebogenes Rohr, damit es länger ist.					

 Zeichne beim Fagott und beim Saxofon den Weg des Luftstroms vom Mundstück bis zum Schallbecher mit einem Buntstift ein.

Hier kommen die wilden Kerle!

Mit dem Marsch der wilden Kerle könnt ihr
auf jedem Fest für Stimmung sorgen oder
einfach in der Pause eure Mitschüler
überraschen.

Bereitet die einzelnen Teile des Marsches in Gruppen vor!

Für die Musik braucht ihr:

- **Vuvuzelas** (Fußballtrompeten aus Plastik)
- **Blockflöten** (ihr müsst nur zwei Töne spielen und dabei nur einen Finger bewegen)
- **Freche Sprüche** (die könnt ihr selbst dichten oder in Gedichtbüchern suchen)
- **Schlagzeug**:
  - Schrott- oder Kücheninstrumente, z. B. einen großen Papierkorb als große Trommel, eine Plastik- oder Konservendose als kleine Trommel und Topfdeckel als Metallklinger oder
  - große und kleine Trommel vom Schlagzeug, Schellenkranz oder zwei Becken mit Griff

Vuvuzela

Die Vuvuzelas spielen abwechselnd hohe („tücke, tü") und tiefere Töne („tucke, tu").

Merkspruch für den Marsch

tücke	tücke	tucke	tucke	tücke	tücke	tu	tu	tücke	tücke	tucke	tucke	tücke	tücke	tuuu	
1	2	1	2	1	2	1	2	1	2	1	2	1	2	1	2

1. Übe zuerst, Töne auf der Vuvuzela zu blasen.

> Einen höheren Ton gibt es, wenn du der Lippenspannung mit der Silbe „tü" hilfst.
> Mit der Silbe „tu" und etwas weniger Luftdruck entsteht ein tieferer Ton.
> Übe dann mit deiner Gruppe die Vuvuzelamelodie zuerst als Sprechgesang mit dem Merkspruch für den Marsch. Gleichmäßiges Gehen in Zweierschritten hilft dabei.

2. Spielt dann die Melodie auf der Vuvuzela.

> Du kannst die Vuvuzelamelodie auch mit nur einem Ton spielen.
> Du kannst dich auch mit einem anderen Vuvuzelaspieler abwechseln. Einer spielt die hohen („tücke, tü"), der andere die tiefen („tucke, tu") Töne.

Blockflöte

Die Blockflöten spielen die Töne **c** und **a**.

1. Übe zuerst, die Töne **a** und **c** auf deiner Blockflöte zu spielen.
Achte darauf, alle Löcher fest zu schließen und nicht zu fest zu blasen.

2. Gehe jetzt gleichmäßig in Zweierschritten und blase dazu die Töne.

c	a	c	a	c a	c a	c	a	c	a	c	a c	a c	a
1	2	1	2	1	2	1	2	1	2	1	2	1	2

3. Übe zuerst allein, dann mit deiner Gruppe.

So sieht die Musik in Noten aufgeschrieben aus.
Wenn du Noten lesen kannst, spiele danach.

Freche Sprüche

Mit den Sprüchen wird der Marsch der wilden Kerle besonders frech und lustig!
Viele freche Sprüche findest du in Gedichtbänden für Kinder oder in deinem
Lesebuch.

Zum Beispiel:

*Zwei **K**naben **g**aben sich **ei**nen **K**uss.*

*Der **ei**ne, **d**er hieß **J**uli**u**s.*

*Der **a**ndre, **d**er hieß **G**ret**ch**en.*

*Ich **g**laub', das **w**ar ein **M**äd**ch**en.*

1. Jeder in der Gruppe sucht
einen Spruch heraus.

2. Stampfe mit den Füßen in
Zweierschritten und sprich
den Spruch passend zum
Marschrhythmus.

3. Übe das auch mit der Gruppe.

Schlagzeug

Ihr könnt Schrott-, Kücheninstrumente oder Teile des Schlagzeugs
eurer Schule nehmen.

Bezeichnung	Schrott- oder Kücheninstrumente	Schlagwerk
Blechklang	Topfdeckel, Kehrblech, Blechdose mit Kiesfüllung	Schellenkranz, Becken
kleine Trommel	Plastikdose, Konservendose, feste Pappschachtel	Tamburin, Snare, Bongo
große Trommel	großer Papierkorb, Mülltonne, Holzschublade, alter Koffer	Bassdrum, Standtom, einzelne Tom-Tom, Conga

1. Überlege, wie du dein Instrument bequem tragen kannst, und bereite das vor.

2. Schaue in der Tabelle deinen Rhythmus an.

3. Gehe in Zweierschritten und sprich die Merkworte.

4. Übe den Rhythmus mit dem Instrument zuerst allein, dann in der Gruppe.

Merkworte für den Marsch

Blechklang	*mm**	*tack*	*mm**	*tack*	*mm**	*tack*	*mm**	*tack*
kleine Trommel	*tack*	*tack*	*tack*	*tack*	*tack*	*tack*	*tack*	*tack*
große Trommel	*tong*		*tong*		*tong*		*tong*	
gehe	👞	👞	👞	👞	👞	👞	👞	👞
zähle	1	2	1	2	1	2	1	2

* nur summen, nicht trommeln

Mein Tipp: Für eine
Pappschachtel ist eine
Fliegenklatsche der beste
Schlägel, aber auch daumendicke
Stöcke oder richtige Schlägel
sind gut geeignet.

Der Marsch der wilden Kerle

Track Nr. 2

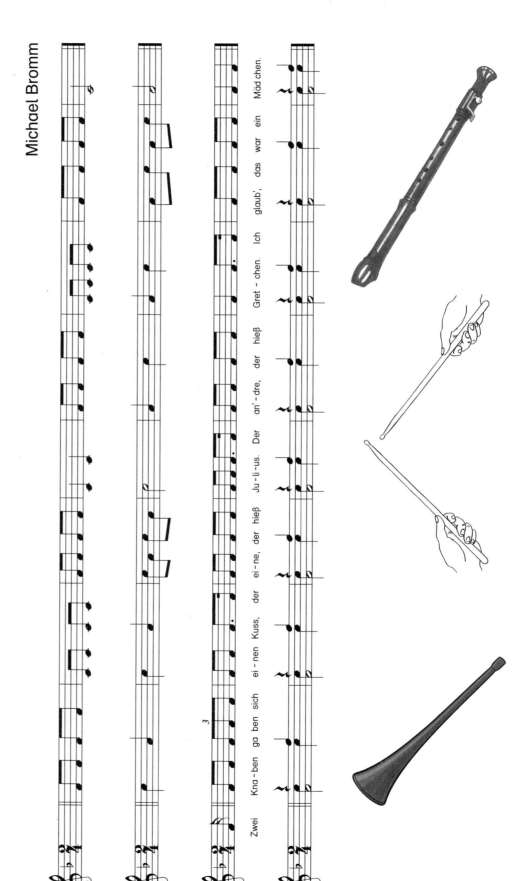

Musik zur Ritterzeit

Die Menschen zur Ritterzeit hörten
so gerne Musik wie wir. Allerdings
konnten sie nicht einfach eine CD
oder das Radio anschalten. Sie
haben entweder selbst musiziert
oder sich über Spielleute gefreut.

Die Spielleute reisten von Ort zu Ort
und besuchten auch die Burgen.
Zu Festen wurden sie extra eingeladen.

Wer Spielmann sein wollte, musste viele Instrumente beherrschen
und zu allen Anlässen Musiken, Lieder, Tänze oder Märsche
kennen.

Besonders beliebt für Tanzmusik waren Dudelsäcke, weil sie laut
sind und mit extra Pfeifen die Begleittöne zur Melodie spielen. Außer
der Spielpfeife (im Bild mit Grifflöchern) gibt es zwei oder mehr
Rohre, in die mit dem Arm aus dem Sack Luft gepresst wird. Alle
Pfeifen sind Rohrblattinstrumente.

 Ihr könnt aus Trinkhalmen Rohrblattinstrumente bauen und musizieren
wie Spielleute.

So geht's:

1. Baut Halmoboen nach der Anleitung auf *AB 10.3: Musizieren auf
   Trinkhalmen.*

2. Bildet eine Gruppe aus vier oder fünf Spielleuten.

3. Zwei Bläser haben unterschiedliche lange Halmoboen. Darauf blasen sie
   lange, tiefe Töne. Die Töne sollen so lang wie möglich ausgehalten werden.

4. Ein Bläser hat eine kürzere Halmoboe mit zwei Grifflöchern. Er spielt eine
   kurze Melodie aus drei Tönen und wiederholt sie oft.

5. Dazu passt eine Begleitung mit gleichmäßigen tiefen Trommelklängen, z. B.:

Spielleute auf einer Ritterburg

Spielt Musik wie auf einer Burg oder einem Markt vor 1000 Jahren.

So geht's:

1. Bildet eine Gruppe aus vier oder fünf Spielleuten. Ihr braucht drei Musiker mit Melodieinstrumenten, z. B. Blockflöten oder Glockenspielen. Zwei Spielleute spielen die Melodie (siehe „Tipp" und „Extra").

2. Ein Spielmann spielt dazu einen tiefen Begleitton, das D auf der Blockflöte, Geige oder Metallofon. Den Ton wird so lange ausgehalten wie möglich und dann wiederholt.

3. Der vierte Spieler spielt eine rhythmische Begleitung mit gleichmäßigen, tiefen Trommelklängen.

tam   ta   ta   tam   tam

4. Der fünfte Spieler kann dazu oder im Wechsel auf der Holzblocktrommel oder einem Tamburin spielen.

Tipp:
Spiele eine kurze Melodie aus drei Tönen und wiederhole sie zweimal. Beende sie mit zwei langen Tönen, z. B.:

```
            di            di            di
       du        du   du       du   du       du
   da            da           da            da   da
```

Mache eine Pause und beginne von vorn.

Extra: Hier sind drei Melodievorschläge für Schüler, die Noten lesen können. Spiele immer nur eine Reihe und wiederhole sie.

🔘 Track Nr. 4   Michael Bromm

Spielleute auf einer Ritterburg (Halmoboen)

Spielt Musik wie auf einer Burg oder einem Markt vor 1000 Jahren.

So geht's:

1. Bildet eine Gruppe aus vier oder fünf Spielleuten.

2. Drei Spielleute bauen sich Halmoboen nach der Anleitung (*AB 10.3: Musizieren auf Trinkhalmen*) oder den Modellen eures Lehrers.

3. Zwei Halmoboen sollten länger sein: eine etwa so lang wie dein Arm, die andere etwa eine Handbreit kürzer. Darauf werden lange, tiefe Töne geblasen. Die Töne sollen so lang wie möglich ausgehalten werden.

4. Eine Halmoboe ist kurz. Darauf wird die Melodie gespielt (siehe „Tipp").

5. Der vierte Spieler spielt eine rhythmische Begleitung mit gleichmäßigen, tiefen Trommelklängen.

tam   ta ta   tam   tam

6. Der fünfte Spieler kann dazu oder im Wechsel auf der Holzblocktrommel oder einem Tamburin spielen.

> **Tipp:**
> Spiele eine kurze Melodie aus drei Tönen und wiederhole sie zweimal. Beende sie mit zwei langen Tönen, z. B.:
>
>   di   di   di
>   du   du   du   du   du   du
> da   da   da   da da
>
> Mache eine Pause und beginne von vorn.

SHOW

Die Musik passt in einem langsamen Gehtempo gut zu einem Einzug von Gästen beim Fest. Schnell gespielt zu einem Tanz im Kreis mit kurzen Hüpfschritten seitwärts nach links und rechts oder zur Mitte und zurück.

Unsere Spielleutegruppe

 Fülle nach jeder Gruppenarbeit das
Protokoll aus.
Plane Zeit dafür ein.

Unsere Gruppe:

_____

_____

_____

_____

1. Gruppenarbeit am: _____

Mein Name und mein Instrument:

_____

_____

Arbeit: Das haben wir gemacht.

_____

Probleme: Damit haben wir (noch) Probleme.

_____

Verabredungen: Das muss ich vorbereiten und mitbringen.

_____

2. Gruppenarbeit am: _____

Arbeit: Das haben wir gemacht.

_____

Probleme: Damit haben wir (noch) Probleme.

_____

Verabredungen: Das muss ich vorbereiten und mitbringen.

_____

 Benutzte für weitere Gruppenarbeiten die Rückseite.
Schreibe Datum, Arbeit, Probleme und Verabredungen auf.

Meine Arbeitsgruppe

 Fülle nach jeder Gruppenarbeit das
Protokoll aus.
Plane Zeit dafür ein.

Unsere Gruppe:

_____

_____

_____

_____

1. Gruppenarbeit am: _____

Mein Name:

_____

Arbeit: Das haben wir gemacht.

_____

Probleme: Damit haben wir (noch) Probleme.

_____

Verabredungen: Das muss ich vorbereiten und mitbringen.

_____

2. Gruppenarbeit am: _____

Arbeit: Das haben wir gemacht.

_____

Probleme: Damit haben wir (noch) Probleme.

_____

Verabredungen: Das muss ich vorbereiten und mitbringen.

_____

 Benutzte für weitere Gruppenarbeiten die Rückseite.
Schreibe Datum, Arbeit, Probleme und Verabredungen auf.

Lieder und Tänze von Seeabenteurern

Hast du schon einmal davon geträumt, über das weite Meer zu segeln, eine einsame Insel zu entdecken und dort einen versteckten Schatz zu finden? Darüber gibt es viele spannende Geschichten.

Vor ungefähr 500 Jahren gab es in der Ostsee und der Nordsee Piraten, deren Namen wir heute noch kennen, z. B. Klaus Störtebeker. Es wird berichtet, dass er und seine Freunde, die Vitalienbrüder, von ihren Landesherren ungerecht behandelt und so zu Seeräubern wurden. Anders als die Landesherren teilten sie alles gerecht unter sich auf. Sie nannten sich deshalb „Likedeeler", was „Gleichteiler" bedeutet.

Ihr Leben war hart und sie hatten strenge Regeln.

Die Piratengesetze

§ 1: Über alle wichtigen Entscheidungen wird abgestimmt. Dabei hat jeder das gleiche Stimmrecht.

§ 2: Im Kampf hat der Kapitän die uneingeschränkte Befehlsgewalt.

§ 3: Jeder, der beim Stehlen erwischt wird, soll ausgesetzt werden.

§ 4: Alle Kanonen, Pistolen und Entermesser müssen sauber gehalten werden.

§ 5: Jeder, der während einer Schlacht vom Schiff desertiert, wird hingerichtet.

§ 6: Alle Streitigkeiten innerhalb der Mannschaft werden an Land beigelegt.

§ 7: Der Kapitän erhält zwei Teile der Beute, der Hauptkanonier und der Bootsmann je anderthalb Teile und alle anderen Besatzungsmitglieder je einen Teil.

§ 8: Alle Verletzungen werden entschädigt. Jeder, der ein Körperglied während eines Kampfes verliert, erhält einen Extraanteil der Beute.

Piratenleben

Meistens unterschied sich das Leben der Piraten nicht von dem der anderen Seeleute und Fischer. Vor 500 Jahren und lange danach mussten sie fast alles mit ihrer Körperkraft schaffen.

Nur bei gutem Wind konnten sie segeln. Oft mussten sie auf Wind warten und kamen nicht oder nur langsam voran. Mit dicken Tauen bewegten sie schwere Lasten, wenn sie den Anker oder die Segel hochzogen.

Ihre Boote mussten sie mit eigener Kraft auf den Strand ziehen. Da war es wichtig, die Kraft gemeinsam einzusetzen. So machen es die Fischer in Goa noch heute.

Bei dieser Arbeit sangen sie zusammen. Der Rhythmus half ihnen, immer im gleichen Moment zu ziehen. „Fass mit an!" ist so ein Lied. Jedesmal, wenn die Mannschaft „So!" singt, ziehen alle gemeinsam das Boot weiter auf den Strand.

Auf den langen Fahrten bei wenig Wind vertrieben sie sich die Zeit mit Liedern. Die Lieder handeln meistens von ihrem schweren Leben. Man erfährt aus ihnen, wie anstrengend das war, aber auch wie stolz sie auf ihren Mut waren. Weil die Seeleute häufiger die Schiffe wechselten, verbreiteten sich die Lieder schnell. Eines davon ist das Lied „Kaperfahrer".

Bei der Freiwache, also wenn sie gerade nicht arbeiten mussten, machten die Piraten wilde Tänze. Der Piratentanz „Siebensprung" sollte zeigen, wie stark und gelenkig sie waren.

Fass mit an!

 Track Nr. 5

Musik: mündlich überliefert
Text: Michael Bromm

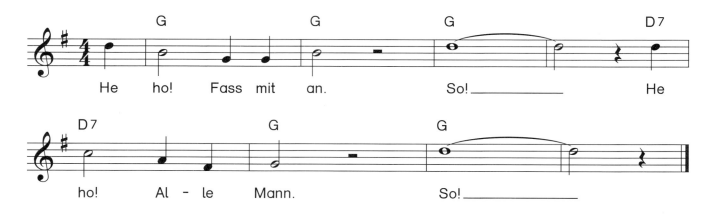

He ho! Fass mit an. So!_____ He

ho! Al – le Mann. So!_____

Fass mit an! wird vom Vorsänger durch andere Aufforderungen ersetzt:

→ *Streng dich an!*

→ *Nicht so faul!*

→ *Das ist gut!*

→ *Volle Kraft!*

Dieses Lied hilft dabei, gemeinsam schwere Lasten zu ziehen. Die Piraten zogen z. B. Anker oder ganze Boote mit vereinten Kräften den Strand hinauf.

Kaperfahrt

Track Nr. 6

Musik: aus Flandern
Text (übersetzt): Michael Bromm

Ho he ho ho ho he ho ho

1. Al - le, die mit uns zum Ka - pern raus - fah - ren, müs - sen Män - ner mit

Bär - ten sein. Jan, Peer, Tjo - res und Mau - rice,

die ha - ben Bär - te, die ha - ben Bär - te. Jan, Peer, Tjo - res

und Mau - rice, die ha - ben Bär - te, die fah - ren mit.

2. Alle, die ranzigen Zwieback mögen ...
3. Alle, die mit uns das Walross jagen ...
4. Alle, die Tod und Teufel nicht fürchten ...

Ergänzungen:
5. Alle, die auf Wind und Wellen pfeifen ...
6. Alle, die gegen den Sturm anbrüllen ...
7. Alle, die nachts dem Nordstern folgen ...
8. Alle, die durch Gischt und Nebel sehen ...

Piratentanz „Siebensprung"

Track Nr. 7

Michael Bromm (nach dem Helgoländer Söbensprung)

G — D7 — D7 — G — G — D7 — D7 — G

Hoi, hier kom - men die Pi - ra - ten, krum - me Schwer - ter in der Hand.

G — Em7 — Am — G — G — Em7 — Am — G

Mor - gens früh Ka - no - nen - don - ner, in der Nacht ein wil - der Tanz.

D7 — G

Das ist eins!

2. Das ist zwei.
3. Das ist drei.
… usw. bis sieben (und zurück).

Der Piratentanz

- Stellt euch in zwei Reihen gegenüber. Geht je vier Takte (eine Liedzeile) im Takt vorwärts und dann rückwärts.
- Wenn ihr im Kreis tanzt, macht ihr die Schritte nach links und rechts.
- Macht die „Sprünge" am Platz. Erst die Nummer 1, dann 2 und immer so weiter. Wenn ihr Lust habt, macht alles rückwärts.
- Wer das am längsten durchhält, ist der stärkste Pirat.

Die sieben „Sprünge"

1. stampfen, linker Fuß
2. stampfen, rechter Fuß
3. drohen, linker Arm (auch mit „Waffe")
4. drohen, rechter Arm (auch mit „Waffe")
5. auf das linke Knie gehen
6. auf beide Knie gehen
7. Stirn auf den Boden legen

Musikinstrumente aus Ölfässern

Auch auf die Tropeninsel Trinidad wurden vor ca. 200 Jahren Afrikaner als Sklaven verschleppt. Sie brachten ihre eigene Musik und ihre eigenenTänze mit und spielten diese auf verschiedenen Trommeln. Als es keine Sklaverei mehr gab, machten die Inselbewohner Musik vor allem mit Trommeln.

Den Engländern, die auf der Insel bis vor 50 Jahren regierten, gefiel das nicht und sie verboten eines Tages alle Trommeln. Das war schlimm, aber die Musiker fanden eine tolle Lösung. Wegen des großen Ölvorkommens auf der Insel gab es im Hafen viele alte Ölfässer. Daraus bauten sie neue Musikinstrumente, auf denen sie sogar verschiedene Töne trommeln konnten.

Weil die Instrumente aus Stahlfässern hergestellt werden, heißen sie Steeldrum (steel = Stahl, drum = Trommel). Die Schlägel sind aus Holz mit einer Gummispitze. Wenn du mehr über Trinidad wissen willst, schau dir im Internet diesen Link an: http://www.die-geobine.de/trinidad.htm. Dort kannst du auch Steeldrum-Musik hören.

Diese Musik aus Trinidad könnt ihr nachspielen, singen und tanzen. Wenn es in der Schule keine Steeldrums gibt, nehmt ihr Xylofone mit Holzkopfschlägeln. Die klingen so ähnlich.

♫ Fangt mit der Steeldrum-Begleitung an. Den Rhythmus kannst du dir mit dem Spruch „ticke ticke ticke ticke" merken. Nimm zwei Schlägel und schlage auf die beiden Töne. Dazwischen bleibt immer ein Ton frei.

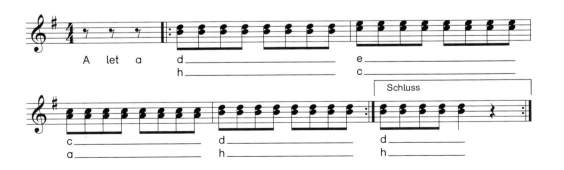

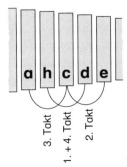

♫ Übe zuerst langsam, dann immer schneller.

A let a go – Lied und Tanz

Der Liedtext ist einfach: Er besteht nur aus den Worten „a let a go"
und den Silben „i-ai":

A let a go go, i-ai-a let a go go, i-ai-a let a go, a let a go go go.

1. Übe den Text, bis du ihn auswendig kannst. Dann singe das Lied.

Track Nr. 8   mündlich überliefert

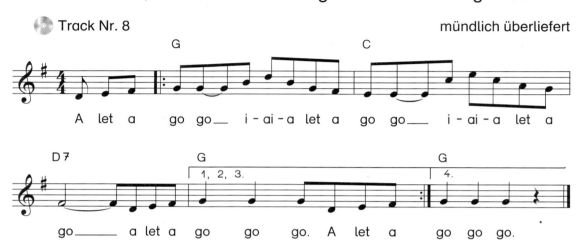

A let a   go go_   i - ai - a let a   go   go_   i - ai - a let a

go_   a let a   go   go   go.   A let   a   go   go   go.

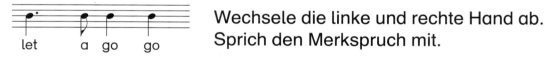

2. Spiele auf dem Xylofon die Melodie.
Das ist gar nicht so schwer. Tausche den Ton f gegen fis.

3. Eine große Trommel, Conga oder Plastiktonne spielt dazu diesen
Rhythmus:

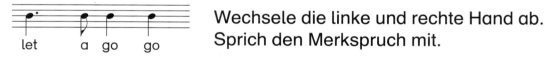

let   a go   go

Wechsele die linke und rechte Hand ab.
Sprich den Merkspruch mit.

Mit Steeldrums, Sängern und Trommel ist eure Band komplett!

4. So könnt ihr dazu tanzen:

1. Alle stehen im großen Kreis.
2. Zwei schauen sich an und drehen den anderen
   den Rücken zu.
3. Das Lied beginnt.
4. Bei „go go" klatschen sich die Partner zweimal
   in die Hand.
5. Bei „i-ai-a" zum hinteren Partner drehen.
6. Bei „go go" mit dem neuen Partner klatschen
   und zurückdrehen.
7. Bei „go" klatschen und dann nach rechts um den Partner gehen.
8. Jetzt haben alle einen neuen Partner und es beginnt von vorn.

Mit G geht es los

Der Buchstabe **G** ist für Musiker ein ganz besonderes Zeichen.
Für die meisten Instrumente ist **G** das Erkennungszeichen im Notensystem.

Das **G** kann ganz unterschiedlich aussehen:

 1. Suche in Zeitungen oder Plakaten andere **G**s. Male sie in den Kasten.

2. Dieses **G** ist das Zeichen, das in der Notenschrift benutzt wird.
Male es in deiner Lieblingsfarbe an.

 3. Dieses Zeichen zeigt, wo im Notensystem der Ton **G** ist.
Welche Linie könnte das sein? Begründe.

_____

_____

4. Ziehe mit dem Lineal die **G**-Linie mit einem roten Strich nach.
Alle Töne auf dieser Reihe heißen **G**.

Track Nr. 10

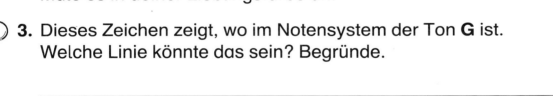

 5. Suche auf deinem Instrument den Ton **G**.

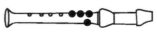

 6. Spiele die Melodie erst langsam, dann immer schneller.

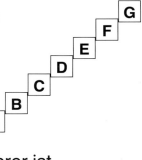

Kosakentanz

Die Mönche, die Erfinder des Notensystems, haben einfach die sieben verschiedenen Töne nach dem Alphabet benannt. Später wurden noch Zwischentöne eingeführt.

Die Tonleiter beginnt mit A und geht bis zum G, dann fängt das Notenalphabet von vorn an. Das ändert sich auch nicht, wenn der erste Ton C oder ein anderer ist.

1. Suche in den Noten das **A** und kreise es rot ein. Du findest es direkt über der G-Linie.

Track Nr. 11   Michael Bromm

HA!

2. Suche auf deinem Instrument den Ton **A**.

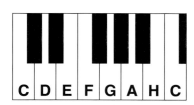

3. Spiele die Melodie erst langsam, dann immer schneller. Brülle am Schluss, wie die Kosaken, laut „Ha!" und stampfe mit dem Fuß.

Stopp Sir!

 1. Die Reihenfolge der Töne nach dem ABC stimmt leider nicht immer.
Der Tonname B wurde in H getauscht.
Vermute, warum.

> Der Ton über dem A heißt H. Es gibt auch den Ton B. Der befindet sich einen halben Ton unter dem H und braucht daher ein Vorzeichen.

 2. Suche und zähle im Stück „Stopp Sir!" die Töne G, A und H.

Track Nr. 12   Michael Bromm

G gibt es _____ mal.

A gibt es _____ mal.

H gibt es _____ mal.

 3. Suche den Ton **H** auf deinem Instrument.

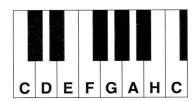

C D E F G A H C

 4. Spiele das neue Stück erst langsam, dann schneller.

 Achtung!
Achte bei 🛑 auf die Pause und zähle die Pausenzeichen (2-3-4) mit.

Auf einem Erntefest vor über 100 Jahren (1)

Zu dieser Zeit war das Leben für die Bauern, auf Englisch: „Farmer", in Nordamerika sehr hart. Es gab kaum Maschinen und alle Lebensmittel mussten selbst erzeugt werden. Zum Kaufen waren sie viel zu teuer.

Für die Feier nach der harten Arbeit wurde auch die Musik selbst gemacht. Wenige Farmer hatten Geigen oder Gitarren. Aber sie waren erfinderisch und machten sich Instrumente aus Alltagsgegenständen. Besonders beliebt waren Waschbretter, Löffel und Bässe aus Teekisten oder Blechwannen mit Schnur und Besenstiel.

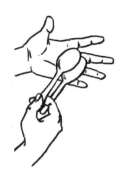

Der Löffelspieler hält zwei Löffel mit dem Rücken gegeneinander. Der obere Löffel liegt fest am Daumen, der untere klemmt fest zwischen Zeigefinger und Mittelfinger. Er schlägt beide in die andere Handfläche und begleitet so die Musik.

Der Teekistenbass wird aus einer Sperrholzkiste, einem alten Koffer oder einer alten Wanne gebaut. Eine Wäscheleine wird wie im Bild zwischen einem Loch in der Kiste und dem Besenstiel gespannt. Mit dem Besenstiel wird die Leine gespannt, um so tiefere oder höhere Töne zu erzeugen.

Der Waschbrettspieler hat Fingerhüte aus Blech über den Fingerkuppen. Er klopft und ratscht mit ihnen den Rhythmus. Manchmal klappert er auch auf dem Holzrahmen.

Auf einem Erntefest vor über 100 Jahren (2)

Agnes beschreibt in ihren Erinnerungen, wie es auf einem Erntefest vor über 100 Jahren in Nordamerika (Colorado) zuging.

Das Erntefest

Die Zeit für Erntetanz und Festessen war gekommen. Die Farmer der Umgebung, die meist zu arm waren, um Erntearbeiter nehmen zu können, taten sich zusammen und gingen von Farm zu Farm, wo sie nacheinander die Ernte einbrachten. Unser Haus kam in diesem Jahr als letztes dran, da diesmal bei uns das Erntefest stattfinden sollte.

Bald war eine ganze Schar von Farmern, Männern und Frauen voll freudiger Erwartung versammelt, obwohl die Luft noch kühl war und das Gras noch kalt und feucht vom Tau.

Den ganzen Tag über arbeiteten die Männer auf den Feldern und schlugen Holz in den Wäldern. Aus der Ferne ertönte der Schlag ihrer Äxte. Die Wälder waren kühl und ein süßer Geruch entströmte der Erde. Pferdegespanne zogen hoch aufgetürmtes Holz herbei, das man dann an der Seite unseres Hauses längs der Straße in Klaftern schichtete. Während des ganzen Winters sollte es zur Feuerung und Schutz vor den kalten Nordwinden dienen.

Die Frauen schälten und schnitten unterdessen das Obst zum Einmachen. Gegen Mittag war das niedrige, sanft abfallende Dach des Hauses mit einer dichten, weißen Masse geschnittener Äpfel bedeckt, die in der Sonne trocknen sollten.

Am frühen Nachmittag schon standen lange Reihen von Gläsern mit frisch Eingemachtem auf den Küchentischen. Wenn man dann diese ganze Pracht ansah, wusste man, dass man wirklich gearbeitet und sich nicht nur amüsiert hatte.

Wenn die Zeit zum Essen kam, kehrten die Männer von ihrer schweren Arbeit zurück. Der Tisch war auf langen, von Sägeböcken getragenen Brettern gedeckt. Danach begann man wieder mit der Arbeit, die manchmal zwei und auch drei Tage lang dauerte.

Und endlich kam der ereignisreiche Abend. Vor dem Haus hatte man einen großen viereckigen Tanzboden gezimmert, der so lange mit Wachs eingerieben wurde, bis er glänzend und glatt wie ein Spiegel war. Hier versammelte sich alles, was tanzen wollte. Mein Vater stand breit in Hemdsärmeln in der Mitte des Tanzbodens, die Mutter schlank und anmutig neben ihm.

„Zum Tanz!", kommandierte mein Vater und klatschte dazu in die Hände. Auf sein Wort hin begann die Musik – eine Gitarre und eine Geige – zu spielen.

„Verneigt euch!", forderte mein Vater die Tänzer auf. Die Paare verbeugten sich tief voreinander. Seine Kommandos übertönten die ungestümen Klänge der Musik: „Kette!", „Damen in die Mitte!", „Stern!" Die Geige kreischte ein Volkslied, in das jemand gröhlend einfiel: „Hey ho, skip to my Lou …"

Skip to my Lou

 Track Nr. 13

mündlich überliefert aus Amerika

2. Little red waggon, painted blue. Skip to …

3. Rabbits on the hillside, big as a mule. Skip to …

4. Flies in the sugar bowl, shoo shoo shoo. Skip to …

5. Cats in the cream jar. What shall I do? Skip to …

Skip to my Lou – Musik machen wie früher

Das Lied „Skip to my Lou" wurde bei Agnes' Erntefest gesungen und gespielt.
Du kannst es ganz einfach nachsingen.

Die Begleitinstrumente, die in Amerika aus Alltagsgegenständen gemacht wurden, kannst du leicht selbst herstellen.

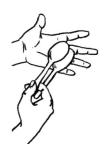

Das einfachste Instrument sind zwei Blechlöffel, die mit dem Rücken aufeinanderschlagen. Eine Hand hält die Löffel und schlägt sie auf die freie Hand. Du kannst die Löffel mit einem Korken und Klebeband verbinden. Dann rutschen sie nicht so leicht weg.
Klappere den Löffelrhythmus so: *ticketicke ticketicke ...*
Mit der freien Hand kannst du den unteren Löffel mehr oder weniger abdecken und so verschiedene Klänge spielen.

Für das Waschbrett genügen sechs Fingerhüte aus Blech. Wer mit Nadel und Faden näht, wie z. B. Agnes, kann damit die Nähnadel durch festen Stoff drücken, ohne sich zu verletzen. Fingerhüte gab es in jedem Haushalt.
Stecke je drei Hütchen auf Zeige-, Mittel- und Ringfinger. Damit kannst du auf dem Waschbrett klopfen und ratschen.
Spiele diesen Rhythmus: *klopf ratsch, klopf ratsch ...*

Für den Bass brauchst du eine Wanne, eine Sperrholzkiste oder eine Teekiste. Du kannst in einem Teeladen danach fragen. Auch ein großer, alter Koffer ist gut zu gebrauchen.

Mache in den Boden oder Deckel ein kleines Loch. Stecke eine Plastikwäscheleine durch und befestige sie innen mit einem dicken Knoten und an der anderen Seite oben am Stiel (Stock oder Besenstiel). Mit dem Stiel spannst du die Leine und kannst hoch und tief spielen. Spiele immer so weiter: *bum*
       bum

Zusammen klingt das so:

ticke ticke   ticke ticke
klopf ratsch   klopf ratsch
bum
      bum

Tipp für Gitarre und Geige

 Die Gitarrengriffe D und A sind einfach. Spiele sie nach dem Liedblatt.

 Auf der A-Saite deiner Geige kannst du das Lied begleiten. Spiele abwechselnd die Rhythmen der Schlaginstrumente mit.

Das geht auch mit den Tönen d oder a zu Buchstabe D und a oder e zu Buchstabe A über den Noten.
Kannst du auch schon die Melodie mitspielen? Frage deinen Geigenlehrer oder deine Geigenlehrerin.

Skip to my Lou – Tanzen wie die Cowboys

Vor ungefähr 100 bis 150 Jahren kamen viele arme Menschen aus Europa nach Nordamerika. Ihr Leben war hart und wild. Ihre Arbeit war anstrengend. Die Farmer, wie Agnes und ihre Familie, machten aus der Prärie Ackerland. Die Cowboys trieben riesige Viehherden Hunderte von Kilometern über das Land. Bauarbeiter bauten mit Hammer und Schaufel endlose Eisenbahnlinien von Osten nach Westen.
Im Osten gab es schon Städte und Fabriken. Der Westen war erst nur von Indianern besiedelt, mit denen es Streit um das Land gab.

Wenn es die Gelegenheit gab, wurden fröhliche Feste gefeiert. Lieder und Tänze verbreiteten sich über das Land. Da viele verschiedene Menschen zusammenkamen und keine Zeit für Tanzunterricht war, wurden die Tanzanweisungen laut angesagt. Das machte oft der „Bandleader". Die Kommandos wurden passend zur Musik gerufen oder gesungen.

Diese Bewegungen sind ganz einfach:

Deutsch	Englisch	Erklärung
Begrüße den Partner	Greet your partner	Schritte zur Mitte und verneigen
Durch die Reihe	Through the line	durch die Reihe gehen, hinten anstellen
Tanz durch die Gasse	Dance along	zu zweit hin und zurück durch die Reihe hüpfen
„Do si do"	„Do si do"	in der Mitte Rücken an Rücken um den Partner gehen
Stern mit rechts/links	Right/left hand star	mindestens zu viert an einer Hand fassen und um die Kreismitte gehen
Wechsle den Partner	Change your partner	den Platz tauschen
Zurück auf den Platz	Back to your place	zurück zum Platz gehen

1. Stellt euch in zwei Reihen gegenüber auf und probiert alles gleich aus.

 2. Singt das Lied „Skip to my Lou" und tanzt dazu die Anweisungen:

Tanzanweisungen zu „Skip to my Lou"

1. Greet your partner, skip to my Lou ...
2. Through the line, skip ...
3. Dance along, skip ...
4. Do si do, skip ...
5. Change your partner, skip ...
6. Right/Left hand star, skip ...
2. bis 6. noch einmal
zum Schluss: Back to your place, my darling.

Mit Klängen malen

So arbeiten Klangmaler:

☐ Die Instrumente sind die Farben.

☐ Die Pinsel sind die Zeichen, die der Klangmaler mit der Hand vorgibt.

 Ordne die Farben/Instrumente für die Klangmalerei nach Tonhöhe und Klang.

	Blasinstrumente	Saiteninstrumente	Metallklinger	Holzklinger	andere
hoch					
mittel					
tief					

Wer spielt?

● eine Gruppe oder alle

● einer, zwei oder mehrere

Was kann der Klangmaler damit „malen"?

● Klänge können wie Punkte sein. Punkte können verschieden groß und bunt sein.

● Klänge können wie Linien sein. Gerade oder geschwungen, breit oder schmal, blass oder kräftig.

Wie soll es klingen?

● hoch oder tief

● laut oder leise

Wann beginnen und enden die Klänge?

 Male deine Ideen als Klangbild auf die Rückseite.

 Schreibe zuerst auf, wo es anfängt und welche Richtung die Musik hat.

Zeichen für die Klangmaler

Welches Zeichen passt für ein Zupfinstrument? Vielleicht
Fingerbewegungen? Welches für Blasinstrumente? Vielleicht, indem
man auf die Lippen zeigt? Wie zeigt ihr, dass einzelne Schüler oder alle spielen sollen?

 Tragt eure Verabredungen in die Tabelle ein. Schreibt auf oder zeichnet.

Wer-Zeichen

Instrumente	∅ oder ✐	Gruppen	∅ oder ✐
		eine/einer	
		einige	
		alle	
		andere	

Was-Zeichen

Klang	∅ oder ✐	Klang	∅ oder ✐

Wie-Zeichen

Zeige mit deinen Bewegungen „laut" und „leise" durch die Größe der Zeichen: Wenn
es sehr leise sein soll, mache dich ganz klein. Bist du riesengroß, wird es sehr laut.
Zeige mit deinen Bewegungen „hoch" und „tief": Eine Hand zeigt die Tonhöhe an.
Am Bauchnabel ist der Ton tief und bei den Haarspitzen ziemlich hoch.

Wann-Zeichen

Am Anfang ist es ganz still. Kreuze dafür die Arme vor der Brust.
Gib die Wer- und Was- Zeichen für den Anfang.
Die Musik beginnt mit dem ersten Wie-Zeichen.
Zum Schluss werden wieder die Arme vor der Brust gekreuzt. Es wird ganz still.

Nachts im Wald: Gespensterkanon

Track Nr. 14

mündlich überliefert

1. Fins-ter fins-ter, 2. fins-ter fins-ter. Nur der Glüh-wurm glüht im Gins-ter
3. und der U-hu 4. ruft im Grun-de: Geis - ter - stun - de!
5. Schwar-ze Ra-ben kräch - zen. 6. Und Gespens-ter äch - zen:
7. U - hi! 8. U - hi! U - hiii_____

Nachts im Wald: Gruselmusik

Nachts im Wald kann es ganz schön gruselig sein.

 1. Mit welchen Klängen kannst du die Gruselstimmung erzeugen? Überlege, welche Instrumente und Klänge passen.

> Meine Tipps: Kugeln (Bocciakugel, Tischtennisball), die in Trommeln oder runden Gefäßen rollen, erzeugen ein unheimliches Rumpeln. Mit Trinkhalmen und Papierblättern kannst du unheimliche Töne blasen. Fallende Becken, vielleicht auch Topfdeckel oder plötzlicher Krach von vielen Instrumenten, lösen einen Schreck aus. Klänge in Dunkeln von verschiedenen Seiten klingen sehr gruselig.

2. Macht weitere Vorschläge für eure Gruselmusik und probiert alles aus.

SPIEL: NACHTS IM WALD

Alle Kinder sitzen im Kreis mit ihren Instrumenten. Ein Kind sitzt in der Mitte mit verbundenen Augen.
Die Musiker spielen leise unheimliche Klänge. Auf ein Zeichen des Dirigenten ertönt plötzlich unheimlicher Lärm.

Besprecht anschließend:
- Welche Klänge waren besonders unheimlich?
- Wobei war der Schreck am größten?

SHOW

Diese Gruselmusik eignet sich für eine Vorführung, z. B. zum Beginn oder Ende eines Konzerts oder vor und nach einem Laternenfest. Spielt möglich im Dunkeln.
- Beginnt mit gruseligen Klängen.
- Mit zwölf gleichmäßigen Glockenschlägen auf dem Ton E des Metallofons beginnt das Lied.
- Wiederholt die Strophe mehrmals einstimmig oder im Kanon.
- Nach der letzten Strophe beginnt einen **HÖLLENLÄRM** auf den Instrumenten.
- Der Lärm bricht ab und eine Flöte spielt sanft eine Melodie, z. B. „Bruder Jacob". Dabei geht das Licht langsam an.

Grünet Felder, grünet Wiesen

💿 Track Nr. 15   mündlich überliefert

Grünet Felder, grünet Wiesen, weil der Heiland ist gebor'n,
den Gott selber auserkiesen, sonsten wär'n wir all verlor'n.
Drum so lasset uns frohlocken und ihm benedeien all,
ja, ja, schaut nur, es liegt dorten, in ein'm schlechten Ochsenstall.

Lasst die Pfeifen uns mitnehmen, nimm den Dudelsack mit dir,
wenn das Kind anfängt zu flennen, pfeifen wir ein' Tanz ihm für.
Danach fängt's bald an zu lachen und hört mit dem Weinen auf,
ja, es wird auf uns her lachen, wenn wir so schön spielen auf.

Weise Männer mit Geschenken kommen auf Kamelen an,
sah'n den Stern am Himmel blinken, weil ein neuer König kam.
So viel Weihrauch und Gewürze, Edelsteine, Silber, Gold.
Welch ein Glanz im armen Stalle, Gottes Sohn liegt da im Stroh.

 Im Text gibt es einige alte Wörter. Hier kannst du die heutige Bedeutung
finden. Schreibe die passenden Worte aus dem Liedertext dazu:

grün werden		**Flöten**	
Jesus		**beten**	
ausgesucht		**vor(spielen)**	
sich freuen und singen		**riecht gut, wenn es brennt**	

Grünet Felder, grünet Wiesen

Track Nr. 15

mündlich überliefert

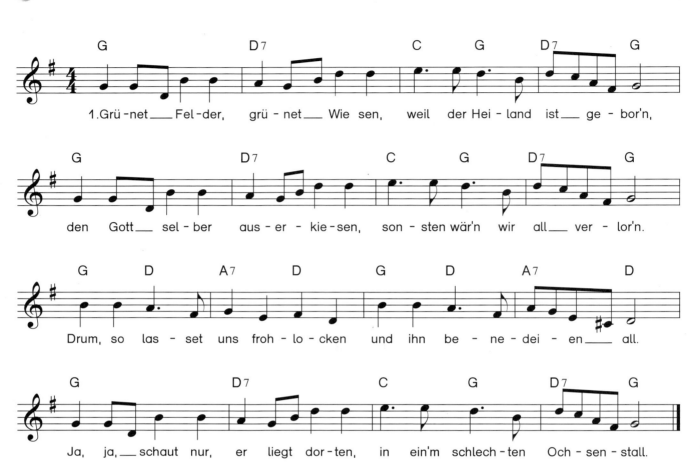

1. Grü-net Fel-der, grü-net Wie sen, weil der Hei-land ist ge-bor'n,
den Gott sel-ber aus-er-kie-sen, son-sten wär'n wir all ver-lor'n.
Drum, so las-set uns froh-lo-cken und ihn be-ne-dei-en all.
Ja, ja, schaut nur, er liegt dor-ten, in ein'm schlech-ten Och-sen-stall.

2. Lasst die Pfeifen uns mitnehmen, nimm den Dudelsack mit dir,
   wenn das Kind anfängt zu flennen, pfeifen wir ein' Tanz ihm für.
   Danach fängt's bald an zu lachen und hört mit dem Weinen auf,
   ja, es wird auf uns her lachen, wenn wir so schön spielen auf.

3. Weise Männer mit Geschenken kommen auf Kamelen an,
   sah'n den Stern am Himmel blinken, weil ein neuer König kam.
   So viel Weihrauch und Gewürze, Edelsteine, Silber, Gold.
   Welch ein Glanz im armen Stalle, Gottes Sohn liegt da im Stroh.

Die Weihnachtspyramide — Ein Krippenspiel

In dem alten österreichischen Weihnachtslied „Grünet Felder, grünet Wiesen" erzählen die Hirten davon, dass mit der Geburt von Jesus Wunder möglich werden. Sogar, dass mitten im Winter die Wiesen und Felder grün werden.

Die Hirten, die als Erste zur Krippe kamen, und die Weisen, die die weiteste Reise machten, findest du oft auf Weihnachtspyramiden. Wenn die Kerzen brennen, dreht die warme Luft die Figuren auf der Scheibe und es sieht so aus, als ob sie vor der Krippe mit dem neugeborenen Kind vorbeilaufen.

SHOW

Daraus können wir ein kleines Weihnachtsspiel mit Musik machen.

Wir singen die Verse des Liedes. Zum Anfang, zwischen den Versen und zum Schluss erklingt eine Dudelsackmusik. Die Kinder aus der Klasse sind die Figuren der Weihnachtskrippe, die Kerzenhalter und machen die Musik.

Ihr braucht:

- ☐ Josef
- ☐ Maria mit einer Babypuppe als Kind
- ☐ mehrere Hirten mit Kuscheltieren (als Schafe) und Flöten
- ☐ die Weisen aus dem Morgenland mit Geschenken
- ☐ vier Kerzenhalter mit großen Kerzen
- ☐ einen Kerzenanzünder

So geht's:

Josef und Maria sitzen mit dem Kind in der Mitte. Die Hirten und Weisen stehen im großen Kreis um sie herum. Neben dem Kreis stehen die Kerzenhalter, weiter außen die Sänger und Musiker.
Die Dudelsackmusik beginnt. Die Kerzen werden angezündet und die Figuren gehen im Kreis um die Krippe. Bei Vers 1 gehen alle weiter. Als Zwischenspiel eignet sich die Dudelsackmusik. Bei Vers 2 bleiben die Hirten einen Moment vor dem Kind stehen. Mit der Dudelsackmusik als Zwischenspiel gehen sie weiter. Bei Vers 3 bleiben die Weisen vor dem Kind stehen. Zum Schluss ertönt wieder die Dudelsackmusik. Die Kerzen werden gelöscht. Die Musik wird langsamer und die Figuren auch. Zum Schluss bleiben sie stehen.

Die Weihnachtspyramide — Dudelsackmusik zum Spiel

Schau dir den Dudelsack an. Du kannst erkennen, dass er aus einem geschlachteten Tier hergestellt wurde. Es gibt ein kleines Rohr zum Aufblasen, ein langes Rohr, das den Begleitton spielt, und oben ein kurzes Rohr mit Löchern. Darauf spielt der Hirte die Melodie.

♫ So kannst du die Melodie singen oder flöten:

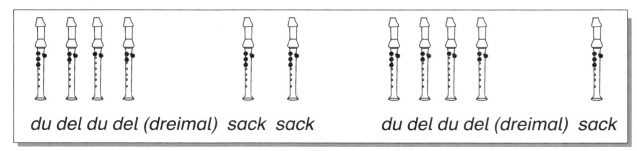

du del du del (dreimal) sack sack   du del du del (dreimal) sack

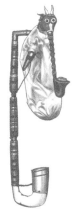

Diese Melodie spielt der Hirte auf dem kurzen Rohr des Dudelsacks. Als Begleittöne passen G und D. Die Töne sollten tief und lang sein. Du kannst ein Metallofon oder große Klangstäbe dafür nehmen. Es passen auch die Töne vom Keyboard oder anderen Instrumenten.

Vielleicht gibt es auch jemanden, der Geige oder ein anderes Instrument dazu spielt. Unten findest du deshalb die Noten für die Dudelsackbegleitung.

♫ Noten für die Dudelsackbegleitung
(obere Reihe: Melodie, untere Reihe: Begleitung)

Weihnachten mit Nisse

Das wissen alle Kinder in Dänemark. Wenn die Familien vergessen, ihrem kleinen Hausgeist am Weihnachtsabend sein Lieblingsessen hinzustellen, können schlimme Sachen passieren: Auf einem Bauernhof geben die Kühe plötzlich viel weniger Milch, die Mutter kann die Dose mit den Weihnachtsplätzchen nicht wiederfinden oder in der Waschmaschine verschwinden alle rechten Socken.

Da ist es schon besser, Weihnachten leckere Grütze zu kochen und für den Nisse eine große Schüssel auf den Dachboden zu stellen. Hoffentlich ärgern ihn die Ratten und Mäuse nicht zu sehr, die gerne etwas davon haben wollen.

Wie ein Nisse aussieht, weiß niemand ganz genau, es gibt junge und alte. Sicher ist, dass sie ganz klein sind und sich in jedem Haus einer aufhält. Manche helfen dem Weihnachtmann, die Geschenke einzupacken, andere leben versteckt im Wald oder auf Schiffen.

Das lustige Lied über Nisse singen die dänischen Kinder und ihre Familien, wenn sie nach dem Weihnachtsessen um den Tannenbaum tanzen, der deshalb oft mitten im Zimmer steht.

Rezept für Nisses Julegrød

Du brauchst:
- ☐ 125 g Milchreis
- ☐ 1 Liter Milch
- ☐ 2 Päckchen Vanillezucker
- ☐ 125 g gehackte Mandeln (wer mag, auch andere Nüsse)
- ☐ 6 Esslöffel Zucker
- ☐ etwas Honig
- ☐ 2 Becher Schlagsahne (400 ml)

Zum Kochen für zu Hause

In manchen Familien gibt es ein Mandelgeschenk („Mandelgave").
Dazu brauchst du noch:
- ☐ eine ganze Mandel
- ☐ ein kleines Geschenk

So geht's:
Koche Reis und Milch in einem Topf bei schwacher Hitze 40 Minuten lang. Lass den Milchreis ganz abkühlen. Rühre Zucker, Vanillezucker, Honig und die gehackten Mandeln hinein. Schlage die Sahne und hebe sie vorsichtig unter den Milchreis. Die Julegrød wird kalt serviert.

Für das Mandelgeschenk rührst du die einzelne, ganze Mandel hinein. Wer sie findet, bekommt das kleine Geschenk.

Nisse und der Weihnachtsbrei

Track Nr. 16   (aus Dänemark)

1. Unterm Dach sitzt Nisse und isst Weihnachtsbrei,
Weihnachtsgrütze, Weihnachtsbrei.
Er löffelt und er schmatzt laut und er lacht dabei,
denn Weihnachtsgrütze ist sein Lieblingsbrei.

Refrain: Doch plötzlich kommen alle kleinen Ratten
und die wollen auch was haben.
Schenk was von deiner Weihnachtgrütze
und wir tanzen, tanzen alle rundherum.

2. Doch Nisse schüttelt nur den Kopf und lacht dabei,
isst ganz allein den Weihnachtsbrei,
Mandeln, Honig, Milch und Nüsse schmeckt so fein,
das isst er lieber ganz allein.

Refrain: Doch plötzlich kommen alle kleinen Ratten
und die wollen auch was haben.
Schenk was von deiner Weihnachtgrütze
und wir tanzen, tanzen alle rundherum.

3. Die Ratten betteln aber immer mehr.
Nisse schimpft und dann ruft er:
„Ich hol' die Katze und die frisst euch dann,
wenn ihr mich nicht in Ruhe lasst."

Refrain: Doch plötzlich kommen alle kleinen Ratten
und die wollen auch was haben.
Schenk was von deiner Weihnachtgrütze
und wir tanzen, tanzen alle rundherum.

Hinweise zur CD

Die CD ist eine am Computer erstellte Arbeitshilfe. Sie wendet sich an Lehrkräfte, die zur Vorbereitung einen Klangeindruck der Stücke haben möchten. Einzelne Stücke können auch eingesetzt werden, um die Einführung von Melodien, Rhythmen oder Tänzen zu unterstützen.

Track Nr.	Beschreibung	Verweise
1. Ein Hund kam in die Küche	*Das Stück wird zweimal im Drehorgelklang vorgespielt.*	L 2 Drums to go – Das Minischlagzeug AB 2.9: Ein Hund kam in die Küche
2. Der Marsch der wilden Kerle	*fünf Durchgänge:* *1. alle, 2. Rhythmus für den Text,* *3. Vuvuzela, 4. Blockflöte, 5. alle*	L 11 Der Marsch der wilden Kerle AB 11.6: Der Marsch der wilden Kerle
3. Schwarze Lilie	*Beispiel für Dudelsackmusik von „Spielleut' Rabenschar"* *(http://www.rabenschar.com)*	L 12 Spielleute – Musik zur Ritterzeit AB 12.1: Musik zur Ritterzeit
4. Spielleute	*24 Takte: 1 bis 4 – Trommel;* *5 bis 8 – 1. Zeile;* *9 bis 12 – 2. Zeile;* *13 bis 16 – 3. Zeile;* *17 bis 20 – Trommel;* *21 bis 24 – 1. Zeile*	L 12 Spielleute – Musik zur Ritterzeit AB 12.2: Spielleute auf einer Ritterburg
5. Fass mit an!	*Melodie zweimal, Trommelschläge sind Schritte*	L 13 Piraten und Seeabenteurer AB 13.3: Fass mit an!
6. Kaperfahrt	*1. Mal: „He ho" als Einleitung, dann Melodie,* *2. Mal: „He ho" als Einleitung und mit Melodie*	L 13 Piraten und Seeabenteurer AB 13.4: Kaperfahrt
7. Piratentanz „Siebensprung"	*zwei Wiederholungen:* *1. Mal ein Sprung,* *2. Mal zwei Sprünge*	L 13 Piraten und Seeabenteurer AB 13.5: Piratentanz „Siebensprung"
8. A let a go	*vier Wiederholungen, damit kann man auch den Tanz üben*	L 14 Musikinstrumente aus Ölfässern AB 14.2: A let a go – Lied und Tanz
9. Trinidad	*Musikbeispiel; Danke an „Geobine" für die Aufnahme* *(http://www.die-geobine.de/ trinidad.htm)*	L 14 Musikinstrumente aus Ölfässern AB 14.1: Musikinstrumente aus Ölfässern

Track Nr.	Beschreibung	Verweise
10. Mit G geht es los	*vier Wiederholungen (auch zum Mitspielen)*	L 15 Spielen nach Noten AB 15.1: Mit G geht es los
11. Kosakentanz	*zwei Wiederholungen (auch zum Mitspielen und Tanzen)*	L 15 Spielen nach Noten AB 15.2: Kosakentanz
12. Stopp Sir!	*vier Wiederholungen (auch zum Mitspielen)*	L 15 Spielen nach Noten AB 15.3: Stopp Sir!
13. Skip to my Lou	*vier Wiederholungen:* *1 Takt Vorspiel – 1. und 3. Mal ohne Geige, 2. und 4. Mal Vers Geige nur mit Bordun auf a, Refrain: mit Bordun auf a und d*	L 16 Musik und Tanz wie in Nordamerika zur Pionierzeit AB 16.3: Skip to my Lou
14. Finster, finster	*zwei Wiederholungen für den Klangeindruck, bei zweiter Wiederholung zweite Stimme lediglich angedeutet*	L 18 Nachts im Wald – Gespensterkanon und Gruselmusik AB 18.1: Nachts im Wald: Gespensterkanon
15. Grünet Felder, grünet Wiesen	*Dudelsackmusik – Vers – Dudelsackmusik – Vers – Dudelsackmusik*	L 19 Die Weihnachtspyramide AB 19.1: Grünet Felder, grünet Wiesen (Text und Bilder) AB 19.2: Grünet Felder, grünet Wiesen (Text und Noten)
16. Nisse und der Weihnachtsbrei	*zwei Wiederholungen, aufmerksame Hörer entdecken als Melodie einen (früher) bekannten deutschen Rheinländer*	L 20 Nisse und der Weihnachtsbrei – Eine Tradition aus Dänemark AB 20.2: Nisse und der Weihnachtsbrei

© AOL-Verlag